陕西抗战记忆丛书

U0670820

陕西抗战遗存

陈答才◎主编　刘涛 李鹏◎编著

陕西新华出版传媒集团
太白文艺出版社·西安

图书在版编目（CIP）数据

陕西抗战遗存 / 刘涛，李鹏编著. — 西安：太白
文艺出版社，2018.1（2023.2重印）
（陕西抗战记忆 / 陈答才主编）
ISBN 978-7-5513-1134-2

Ⅰ. ①陕… Ⅱ. ①刘… ②李… Ⅲ. ①抗日战争—革
命纪念地—介绍—陕西 Ⅳ. ①K878.23

中国版本图书馆CIP数据核字（2017）第047447号

陕西抗战遗存
SHAANXI KANGZHAN YICUN

作　　者	刘涛 李鹏
总 策 划	党靖
责任编辑	申亚妮
封面设计	高薇
版式设计	新纪元文化传播
出版发行	陕西新华出版传媒集团 太白文艺出版社
经　　销	新华书店
印　　刷	三河市嵩川印刷有限公司
开　　本	787mm×1092mm　1/16
字　　数	150千字
印　　张	10.75
版　　次	2018年1月第1次印刷
印　　次	2023年2月第3次印刷
书　　号	ISBN 978-7-5513-1134-2
定　　价	39.00元

抗战精神　永放光芒

姚文琦

　　陕西不仅有着悠久的历史、灿烂的文化，而且有着光荣的革命传统。在伟大的全民族抗日战争中，陕西的爱国军民无论在陕甘宁边区还是在国民党统治区，一直坚持抗日民族统一战线，在敌后战场和正面战场英勇杀敌，为国家的独立、民族的解放做出了卓越的贡献，有的献出了宝贵的生命。他们的业绩永载史册，民族精神将世代相传。

　　1931年9月18日，日本帝国主义制造了震惊中外的九一八事变，地处西北的三秦儿女和全国人民一样，被日军的疯狂侵略所激怒，迅速掀起了抗日救亡运动的高潮。9月20日，中共陕西省委发表了《关于日本帝国主义出兵占领东三省的决议》，要求各级党组织在群众中开展反对日本帝国主义的宣传，在学生中成立反帝大同盟组织，将反帝特别是反日斗争和日常斗争、拥护苏维埃运动结合起来。

　　九一八事变后，从苏区到国民党统治区，在中国共产党的宣传、领导下，抗日救亡团体纷纷成立，而且组织了抗日武装力量。他们矢志抗日，誓言宁愿战死，不做亡国奴。强烈要求开赴抗日前线，与日寇决一死战，收回国土，以雪国耻。

1935年12月，北平学生发起"一二·九"运动的消息传到陕西，省城西安的学生冲破国民党高压政策的压制，走上街头，声援北平学生的爱国壮举，勇敢地投入到抗日救亡的洪流中去。

1936年12月，西安事变爆发后，西安成为举世瞩目的中心。张学良、杨虎城果断采取了一系列紧急措施，使陕西政治气象焕然一新，陕西成为国民党统治区民主空气最为活跃的地区。

西安事变的和平解决，迫使蒋介石结束了反共内战，对于国共两党再次合作、团结抗日起了重要的推动作用，成为中国革命由国内革命战争走向抗日民族战争的转折点，成为时局转换的枢纽。

1937年1月17日，中共中央进入延安。从此，延安成为中共中央所在地，中国人民革命斗争的总后方，全国进步青年向往的革命圣地。

1937年7月7日，卢沟桥事变爆发后，中共陕西省委适时将工作重点转移到执行党的抗日民族统一战线的路线、方针和政策上。在国民党统治区，中共陕西省委广泛发动群众，开展轰轰烈烈的抗日救亡活动，同消极抗日的国民党顽固派进行不懈的斗争。开展广泛的抗日民族统一战线工作，直接参加或配合友军奔赴抗日前线，与日军血战。三秦子弟以血肉之躯，阻止了日军西进步伐。

全面抗日战争时期，陕西分为两个不同的区域，一个是中国共产党领导的陕甘宁边区，一个是陕甘宁边区以外的国民党统治区（陕南、关中及陕北部分地区）。抗战中，陕西军民在中国共产党抗日民族统一战线方针的指导下，坚持国共两党团结抗日，为民族解放战争做出了重大贡献。

延安和陕甘宁边区是中共中央所在地，是全民族抗战的政治指导中心，是八路军、新四军和全国共产党领导的抗日武装的战略总后方。在这里，中共中央和毛泽东制定了一系列指导抗日战争的路线、方针和政策，进行了伟大的整风运动和大生产运动，培育了光芒四射的延安精神，形成了毛泽东思想的科学体系；在这里，中国工农红军改编为八路军，出师抗日，开辟广大的敌后战场，配合正面战场，迎来了抗日战争的伟大胜利；在这里驻守边区的八路军留守兵团，在府谷至宜川的千里河防上，阻击日军，保卫了边区；在这里，培养造就了大批干部，他们成为后来中国革命和建设的领导骨干。在中共中央和毛泽东的直接领导和指导下，陕甘宁边区成为抗日战争的中流砥柱，中国新民主主义政治、经济、文化的示范区，模范的抗日民主根据地。

陕西国民党统治区既是抗战的大后方，又是抗战的前线。全面抗战爆发后，大部分由三秦儿女组成的国民革命军第三十八军、第九十六军、第二十二军、第十七军、第九十八军在人民群众的支援下，出师华北，英勇杀敌，保家卫国；驻守在绥蒙陕边界、宜川、韩城、合阳、大荔、朝邑、潼关黄河沿岸的陕军各部，形成铜墙铁壁，阻击日军，使日军无法西进，保卫了西北、西南的安全；在国民革命军其他部队的三秦儿女奋战在大江南北，奋勇杀敌，立下了赫赫战功。由于陕西在抗战中的战略地位，日军对陕西国统区及陕甘宁边区进行了无差别的轰炸，使陕西军民生命财产受到极大损失，但是陕西军民不畏强暴，为保卫陕西，保卫黄河，保卫国家，积极参军参战，在民族解放战争中写下了光辉的一页，并将永载史册。

抗战时期，陕甘宁边区有3万多青年参加八路军，民众缴纳爱国公粮100多万石，支前154万多人次，组织150多万头牲畜运送物资，做军鞋20多万双。抗战时期的陕西国统区约有937万人，其中训练壮丁160万人以上。按当时陕西总人口计算，不到9人就有1人应征入伍，占总人口的12%。其中1942年到1945年直接送往中国远征军的兵员为63589人。

抗战中，陕西由于特殊的政治、地理因素，成为日军攻击和飞机轰炸的重点。日军空袭陕西的飞机大多是从运城、临汾、太原、武汉、包头等机场起飞。轰炸的范围遍及陕西55个市县镇，西安、延安、宝鸡、潼关、安康等地为重点。从1937年11月7日日军轰炸潼关始，到1945年1月4日日军最后一次轰炸安康，其间日机共轰炸陕西560余次，投弹1.36万枚，炸死百姓9047人，炸伤7015人，炸毁房屋 43825 间，民众财产直接损失 982.5 亿元。其中一次死伤在百人以上的城市有西安、延安、宝鸡、安康等。遭受轰炸最为严重的为西安市，日机轰炸 147 次，死亡 2719 人，伤 1228 人，炸毁房屋 7972 间。

日军对中共中央所在地延安也进行了轰炸，据 1946 年 3 月 10 日延安《解放日报》文章披露，1938 年 11 月 20 日，日机第一次轰炸延安，到 1941 年 10 月最后一次轰炸，据统计日机共轰炸 17 次，投弹 1690 枚，炸死 214 人，伤 184 人，炸毁公共房产 1176 间（不含教堂的 169 间和礼拜堂一座），民房 14452 间，毁坏粮食 34.4 万斤，其他间接损失合边币 28.21 亿元，按 1945 年时值约合法币 1.5799 亿元。

抗战时期，主要由陕籍青年组成的国民革命军之孙蔚如统领的第三十八军（军长赵寿山）、九十六军（军长李兴中），高桂滋第十七军，高双成第二十二军以及冯钦哉第二十七路军，武士敏统领的第九十八军，王劲哉率领的一二八师等三秦子弟组成的几支部队，东渡黄河，置身华北、中原等抗日前线，或与八路军配合，或独立作战，奋勇杀敌，抗击了大量的日军、伪军。抗战中，牺牲的陕籍军民达数十万人，涌现出无数动人的英勇事迹，谱写了一曲曲爱国乐章。

《陕西抗战记忆》丛书包括《陕西抗战将领》《陕西抗战遗存》《抗战中的陕西民众》和《陕西抗战事件》，太白文艺出版社策划出版这套丛书，就是为了纪念那段难忘的岁月，再现中国人民保家卫国的抗战精神和大无畏的牺牲精神，告慰在抗战中牺牲的千千万万英烈。

抗战英烈，永垂不朽！

抗战精神，永放光芒！

序　言

在风雨飘摇、长夜漫漫的中国近代史上，世界主要资本主义国家对中国这块东方肥肉可谓是虎视眈眈、垂涎欲滴。中华民族面对帝国主义列强的坚船利炮、侵略魔爪的肆意染指，在梦魇中发出了深沉的呻吟和抗争的呐喊。

在世界的东方，日本是与中国一衣带水的邻邦。在两国悠久的交往史上，人民之间的友好交往写下了永垂史册的历史佳话。但是，近代以来，日本对中国垂涎已久。早在明治维新时期，日本在确立近代天皇制的同时，就迅速走上了侵略扩张的军国主义道路，并制定了以中国、朝鲜为主要侵略对象的所谓"大陆政策"。日本通过 1901 年的《辛丑条约》开始在中国驻军，通过 1904 年到 1905 年的日俄战争夺取了旅顺、大连和满洲铁路沿线并派兵驻扎，这成为它侵华阴谋得逞的前提。

1927 年夏，日本内阁在东京召开"东方会议"，制定了《对华政策纲领》，露骨地声称中国东北"在（日本）国防和国民的生存上有着重大的利害关系"。同年 7 月，内阁首相田中义一向天皇奏呈《帝国对满蒙之积极根本政策》（即臭名昭著的"田中奏折"），公然宣称："欲征服中国，必先征服满蒙；欲征服世界，必先征服中国。"从而确立了以"满蒙"为侵略基地的狂妄战略。

从1929年起，日本陆军参谋本部和关东军在中国东北三省先后秘密组织了四次"参谋旅行"，侦察情况，制定了侵略中国东北的作战方案。1931年6月，日本陆军参谋本部和陆军省制定《满蒙问题解决方案大纲》，确定了以武力侵占中国东北的具体步骤；7月，陆军参谋本部把攻城重炮秘密调运至沈阳，对准东北军驻地北大营；8月，日本陆军大臣南次郎在日本全国师团长会议上叫嚷：满蒙问题只有用武力解决。随后进一步做了发动战争的各种准备。九一八事变的发生不是偶然的，它是日本帝国主义为了吞并中国、称霸亚洲及太平洋地区而采取的一个蓄谋已久的重要侵略步骤。九一八事变揭开了日本对中国，进而对亚洲及太平洋地区进行全面武装侵略的序幕。

回顾历史，日本军国主义侵华的步骤如下：

——清朝末年的1894年9月，日本舰队在黄海袭击中国北洋舰队，击沉四艘军舰。致远舰和经远舰上共五百二十人壮烈牺牲。11月，日军占领大连、旅顺后进行了四天的大屠杀，两万多国人惨遭杀戮。

——1895年，日本迫使清政府签订《马关条约》，11月强占台湾全岛。

——1900年8月，日、俄等八国联军攻陷北京，在京烧杀淫掠。

——1914年10月，日军占领济南、青岛和胶济铁路全线。

——1931年9月18日，日本关东军在沈阳制造九一八事变，三个多月后强占了我国东北全境。

——1932年，在长春建立伪满洲国。

——1933年，日军占领了热河、察哈尔两省及河北省北部大部分地区，进逼北平、天津。5月31日，日本迫使国民政府签署了限令中国军队撤退的《塘沽协定》。

九一八事变激起了全国人民的抗日怒潮。各地人民纷纷要求抗日，反对国民政府的不抵抗主义。在中国共产党的影响和领导下，东北人民奋起抵抗，开展抗日游击战争，先后出现了东北义勇军等各种抗日武装。1936年2月，东北各抗日部队统一改编为东北抗日联军。1937年七七事变后，抗日联军团结广大群众，进一步开展了广泛持久的抗日武装斗争，有力地配合了国共合作的全面抗战。

七七事变揭开了中国全面抗日战争的序幕。陕西这块火热的土地，抗日战争期间是中共中央所在地，中共中央在这里提出了一系列的抗日救国方针和战略主张，成为抗日战争的政治指导中心。

本书的编选原则，以发生在陕西具有重大影响的抗战事件为参照，选取相应的抗战遗存，凸显陕西在抗日战争时期对于全面抗战局面形成和发展做出的重大贡献。本书涉及全民族抗日统一战线形成的重大事件和人物，包括重要行政机构、军事院校、联合院校、民族企业和国外援华机构，涵盖了中国共产党、中国国民党、友好国家、工人群众、热血青年、先进部队、抗日英雄人物等，立体化地显示了住在陕西的党、政、军、民、商、学、兵各界群众投身全民族抗战的历史画卷。

目录 / CONTENTS

陕西抗战遗存

第一章　瓦窑堡革命旧址

第一节　遗址概览

　　瓦窑堡声名鹊起、被国人熟知，皆因 1935 年中国共产党瓦窑堡会议在此召开。新中国成立后，瓦窑堡革命旧址成为黄土高原远近闻名的红色革命教育基地。革命旧址位于现在的陕西省子长县境内，子长县民国时期名为安定，后来为纪念人民军队将领谢子长而改名。在中国革命历史上，瓦窑堡曾经是陕北革命根据地的政治、经济、文化中心。

　　在瓦窑堡历史上最值得大书特书的，是 1935 年 10 月至 1936 年 6 月，这里成为中共中央、中华苏维埃共和国临时中央政府和中国工农红军西北革命军事委员会（中央军委的前身）的所在地。中华人民共和国一代开国领袖毛泽东、张闻天、周恩来、刘少奇等，曾在这里转战驻扎，留下了壮丽的革命史诗。同时，这里先后走出了以谢子长为代表的十位将军和一批革命英雄豪杰。因而，这座古老的城堡，成为闻名遐迩的塞上红都。

瓦窑堡革命旧址指示牌

瓦窑堡革命旧址一角

旧址现存二十余孔砖砌窑洞，包括瓦窑堡会议旧址、西北革命军事委员会旧址、中国抗日红军大学旧址及毛泽东、张闻天、周恩来、刘少奇旧居等。

瓦窑堡会议旧址是位于城内中山街南侧下河滩田家院落中的一座，院内有坐西面东的砖窑五孔，正中一孔为会议室，北起第二孔为张闻天旧居。瓦窑堡会议旧址的窑洞不大，放着两张八仙桌和六个木条凳，小炕上还放着一张小炕桌。

西北革命军事委员会旧址位于城内下河滩一处小院内，院内有砖窑十二孔。上院有砖窑六孔，五孔坐东面西，周恩来曾住在南起第四孔和第五孔窑内，另外一孔坐北面南的大窑为军委会议室；下院也有六孔窑洞，均坐东面西。

中国抗日红军大学旧址位于子长县县城内北侧的米粮山上。1936年6月1日，红大开学时校址就设在瓦窑堡。1936年6月21日后，红大迁往保安（今志丹县）。当时红大分三个科，一科和二科学生住在瓦窑堡。红大旧址现有砖窑五孔，分为两个教室。

1935年12月13日，毛泽东率部取得直罗镇战役的胜利后，到达瓦窑堡，住在城内中山街西侧中盛店院内。院落坐西向东，有砖窑两排，前后院由砖砌的过洞连接。毛泽东居住在后院右起第一孔、第二孔窑洞内，两孔窑洞有过洞相连。

1935年12月17—25日，中共中央政治局在瓦窑堡召开政治局扩大会议，会议确定了关于建立抗日民族统一战线的路线和策略，史称瓦窑堡会议。

1936年1月26日，毛泽东从这里出发，率领红军进行东征。5月21日，东征取得胜利后，又返回瓦窑堡，住在城内前河滩二道街一院落内。院内有砖窑五孔，坐西面东，毛泽东住在左起第二孔和第三孔窑洞内，第二孔窑洞筑有地下防空洞。

刘少奇旧居，位于城内铁狮子巷一四合院内。当时，由刘少奇任委员长的中华全国总工会西北执行局在瓦窑堡成立，西北执行局机关即设于此。1936年1月17日，根据中共中央政治局的决定，刘少奇离此前往位于延安市子长县的瓦窑堡镇。

1988年1月13日，国务院将瓦窑堡革命旧址确定为第三批全国重点文物保护单位。

瓦窑堡会议旧址内景

瓦窑堡会议旧址外景

瓦窑堡革命旧址标识牌

第二节　抗战追忆

一、瓦窑堡成为红色都城

1935 年 10 月 2 日，瓦窑堡解放，中共中央驻北方代表派驻西北代表团、中共陕甘晋省委、西北军委由延川永坪镇移驻于此，瓦窑堡遂成为西北革命根据地的中心。

1935 年 10 月 19 日，经过二万五千里长征的中国工农红军第一方面军及中共中央机关进入西北革命根据地，到达陕北吴起镇（今吴起县县城），短期休整后，于 10 月底经保安东进。11 月 3 日，中共中央常委张闻天、毛泽东、周恩来、博古在甘泉县下寺湾村听取了红十五军团政委程子华、中共陕甘晋省委副书记郭洪涛、西北军委主席聂鸿钧的汇报，随即召开中央政治局会议，决定成立中国工农红军西北革命军事委员会，任命毛泽东为主席，周恩来、彭德怀为副主席，王稼祥、林彪、聂鸿钧、徐海东、程子华、郭洪涛为委员。同时，决定由毛泽东率第一军团南下与红十五军团会师并指挥前线作战，周恩来负责组织局和后方军事工作。西北革命军事委员会后方办事处设于瓦窑堡，负责管理前方供给、兵站及军委委托指挥的军区、军分区。

1935 年 11 月 7 日，张闻天、博古、罗迈、董必武、刘少奇等率中央机关抵达瓦窑堡，苏维埃政府组织群众数千人至南门夹道欢迎。

1935 年 11 月 10 日，中华苏维埃共和国中央执行委员会宣布：在陕甘晋苏区设立苏维埃中央政府办事处（简称西北办事处，下同）。委员会决定西北办事处为陕甘晋苏区最高政权机关，在中共中央直接领导下工作，其最高领导机构为主席团，由博古任主席，下设财政部（林伯渠任部长）、土地部（王观澜任部长）、国民经济部（崔田民任部长）、教育部（徐特立任部长）、司法内务部（蔡树藩任部长）、劳动部（邓振询任部长）、工农检查局（罗梓铭任局长）。翌年 1 月增设外交部（博古兼任部长）、交际处（伍修权任处长兼秘书长）。

西北办事处成立后，陕甘晋省撤销。西北苏区划分为陕北省（马明方任主席）、陕甘省（王生玉任主席）、关中特区（秦善秀任主席）和神府特区（乔钟灵任主席）。同时，中共中央决定成立中共陕北省委（郭洪涛任书记）、中共陕甘省委（朱理治任书记）、中共关中特委（贾拓夫任书记）、中共神府特委（杨和亭任书记）、中共三边特委（谢维俊任书记）。

1935 年 11 月 12 日，全国总工会西北执行局在瓦窑堡成立，刘少奇任委员长，高长久任组织部部长，蔡乾任文化教育部部长，朱学辉任国家企业部部长，管瑞才任社会福利部部长，刘群仙任女工部部长。嗣后，各县工会工作联席会议在瓦窑堡召开，全国总工会西北执行局全体人员莅会，讨论和修改工会章程，起草《工会选举法》，决定将陕甘晋省工会筹委会改为陕北省总工会委员会(同全国总工会西北执行局合署办公)。

1935 年 11 月 25 日，中共中央机关报《红色中华》在瓦窑堡复刊，接续江西停办时的刊期，出刊第 241 期。

同月，原苏区中央局改称西北中央局，书记张闻天，下设宣传部（张闻天兼任部长、吴亮平任副部长）、白区工作部（张浩任部长）、组织部（罗迈任部长），履行中央职责，领导全党工作。

直罗镇战役后，毛泽东、周恩来等中央领导从前线出发转道安塞，于 12 月 13 日秘密抵达瓦窑堡，中央军委亦随之迁入瓦窑堡下河滩，瓦窑堡遂成为中国革命的红都。

二、名垂青史的瓦窑堡会议

瓦窑堡会议是在中国抗日革命运动日益高涨的新形势下召开的。自 1931 年九一八事变以后，抗日爱国运动开始高涨，全国人民积极响应中国共产党提出的"停止内战，一致对外"的抗日主张，国内阶级关系发生了新的变化。在这个重大历史转变时期，迫切要求中国共产党对国内形势做出正确的分析，制定出适应新形势的政策，以纠正党内存在的在统一战线问题上的"左"倾关门主义。

1935 年，日本帝国主义继侵占我国东北后，又发动了"华北事变"，妄图把华北变成第二个满洲国。而国民政府屈服于日本帝国主义的淫威，继续实行不抵抗政策，先后与日军签订了《秦土协定》和《何梅协定》，实际上把包括北平、天津在内的河北、察哈尔两省的大部分主权奉送给了日本。中国共产党积极领导了全国人民的抗日救亡运动。1935年8月1日，中共驻共产国际代表团起草了《为抗日救国告全体同胞书》(即《八一宣言》)，10月1日正式以中华苏维埃中央政府和中共中央的名义公开发表。这个宣言是根据共产国际第七次代表大会关于建立反法西斯的人民统一战线的精神提出的，它呼吁各党派、各军队和各界同胞停止内战，集中力量一致抗日，并建议组成统一的国防政府和在国防政府统一领导下的抗日联军。在中国共产党的影响和领导下，1935年12月9日，北平爆发了一二·九运动，一万多名学生举行抗日示威游行，推动了全国抗日救亡运动的发展。

在此期间，长征中的中国工农红军于1935年10月胜利到达陕北。11月下旬，中共驻共产国际代表团所派代表张浩回到陕北，向中共中央传达了共产国际关于建立广泛的反法西斯统一战线的精神和《八一宣言》的内容。

瓦窑堡会议是中国共产党召开的一次极为重要的会议。出席会议的党和军队领导有毛泽东、张闻天、周恩来、博古、王稼祥、刘少奇、邓发、凯丰、张浩、罗迈、杨尚昆、郭洪涛等。

瓦窑堡会议真实场景

会议分析了"华北事变"后国内阶级关系的新变化，主要讨论了建立抗日民族统一战线、建立抗日联军和国防政府等问题。

会议在讨论制定统一战线的策略时，着重批评了党内长期存在的"左"倾关门主义错误，并指出："在目前形势下，关门主义是党内的主要危险。"会议还对党的若干政策，如对小资产阶级、知识分子、白军、富农、民族工商业资本家、华侨等的政策，进行了必要的修订，从而全面系统地解决了关于建立抗日民族统一战线的一系列问题，为确定抗日民族统一战线的策略、路线奠定了基础。

会议的决议和毛泽东的报告分析了当时政治形势的基本特点和阶级关系的新变化，并在此基础上制定了党在新形势下的策略和路线："发动、团结与组织全中国全民族的一切革命力量，去反对当前的主要敌人——日本帝国主义与卖国贼头子蒋介石。"

12 月 23 日，会议通过了由毛泽东起草的《关于军事战略问题的决议》；25 日，会议通过了张闻天起草的《中央关于目前政治形势与党的任务的决议》。

会后，根据中央决议的精神，毛泽东于 12 月 27 日在党的活动分子大会上又做了《论反对日本帝国主义的策略》的报告。这个报告从政治上批判了"左"倾错误，对党的抗日民族统一战线的策略进行了全面、深刻的阐述。提出党的基本策略是：组织千千万万的民众，调动浩浩荡荡的革命军，建立起广泛的抗日民族统一战线；为此，必须反对"左"倾关门主义，同时，要坚持无产阶级在民族统一战线中的领导权。这就解决了党的政治路线问题。

瓦窑堡会议是从第二次国内革命战争到抗日战争转折期间召开的一次极其重要的会议。这次会议从政治上批判了"左"倾错误，制定了抗日民族统一战线的政策。会议解决了遵义会议没有来得及解决的党的政治路线问题，从而保证了党在新形势下，在极其复杂的斗争中，能保持清醒的头脑，团结一切可能团结的力量，领导全国人民迎接伟大的抗日战争。它表明中国共产党在总结革命的成功经验和失败教训的基础上已经成熟起来了，能够从中国的实际情况出发，创造性地进行工作。瓦窑堡会议为实现由土地革命到抗日战争的伟大战略转折奠定了牢固的基础，使党在政治上赢得了主动。

党中央在此期间，还进行了东征。1936 年 6 月，党中央由此迁至保安。

第二章 骊山兵谏亭

第一节 遗址概览

西安事变是扭转国内国共两党内战局面的枢纽，震惊中外的西安事变关键的一个环节，是骊山"捉蒋"。为纪念这一历史事件而建的兵谏亭，作为西安事变旧址的重要组成部分，就矗立在骊山北侧的半山坡上，当年蒋介石就是在这座亭子旁的一块虎斑石的夹缝中被发现的。

这是一座五米见方、依山而建的四角亭，用渭水之畔的碣石建造而成，清透澄净的

兵谏亭

基色总让人联想到当年张学良、杨虎城将军的坦荡和挚诚。虽然占地仅二十五平方米，但这座不起眼的小亭子却从未淡出人们的视线。

西安事变和平解决之后，国民党陕西省当局即在虎斑石旁的山坡上修建了一座砖木结构的纪念亭，并命名为正气亭。至事变十周年之际，时任国民党战区司令兼军委西安行营办公厅主任的胡宗南，又筹款以钢筋水泥重建了这一纪念亭，设计为仿古建筑的四角亭，并称之为蒙难亭。在此期间，国民党的军政要员纷纷在虎斑石周围的山石上题词以示纪念，目前还可以看到的包括陈立夫、陈果夫、戴季陶等人的"蒋委员长蒙难处""民族复兴纪念石""虎骨龙岩"等字迹。

1949年5月20日，临潼与西安一同实现了解放，国民党军警四散溃逃。新建立的人民政府按照当地百姓的说法，将此亭更名为捉蒋亭，并多次进行了修缮。

1986年西安事变五十周年前夕，为缓和两岸关系，中共中央统战部报请中央，将这一纪念亭再次易名为兵谏亭，并邀请著名书法家宫葆诚撰写了这三个隶书大字，刻在精美的蓝田玉匾上镶嵌在亭子上檐正中。

第二节　抗战追忆

1931年9月18日，在经过周密的策划准备后，日本在中国东北蓄意制造事端并由此发动了预谋已久的侵华战争。中国东北军在"不抵抗主义"政策指导下，于1933年尽失东三省。

与此形成鲜明对比的是，中国共产党在九一八事变发生后即刻发表了《中央关于日本帝国主义强占满洲事变的决议》，将"发动与组织广大工农群众反对日本帝国主义占领满洲"作为当时全党的中心任务提了出来，并特别强调了组织武装力量与日军斗争的重要性。在这一既定方针之下，出现了东北义勇军等多种抗日武装力量，组织东北人民进行了抗日游击战争。

失掉了东三省的蒋介石并没有迷途知返，继续鼓吹并奉行"攘外必先安内"政策，并于1935年9月20日在西安设立了西北剿匪总司令部，任命张学良为仅低于自己的副司令，调张学良的东北军和杨虎城的西北军来陕试图消灭刚刚到达陕北结束长征的中国共产党。

在1931年年初即发表过愿意有条件地同任何武装部队共同抗日主张的中国共产党，在1935年8月1日发表了《为抗日救国告全体同胞书》，再次表明了联合抗日的立场和主张，并于同年12月召开瓦窑堡会议，制定了建立抗日民族统一战线的总路线。

西北剿匪总司令部成立不久，授命入陕剿匪的东北军在劳山战役、榆林桥战役、直罗镇战役中接连溃败，损失惨重。国民党剿共战局连战连败。

瓦窑堡会议之后，中共加大了统战工作力度，将主要力量放在了争取东北军和西北军这样的地方实力派上。通过被俘的东北军军官高福源的联系，在高级将领接触会晤基础之上，1936年4月9日，周恩来与张学良在延安实现了秘密会谈，就联合抗日达成了一致意见。在中共地下党员南汉宸的沟通斡旋和中共驻共产国际代表王炳南的建议、促成下，同年9月毛泽东秘书张文彬在西安同杨虎城达成了"抗日合作口头协议"。此后，叶剑英被派往西安作为中共驻西安代表团团长，协助张学良、杨虎城准备抗日。在抗日的同一目标下，三支队伍建立了友好而密切的联系，陕西境内的国民党剿共前线与共产党基本处于停战对峙状态。

这期间的1936年6月1日，国民党党内地方势力派广西的李宗仁新桂系和广东的陈济棠粤系，以"北上抗日"为名，联合举兵反抗不积极抗日却处心积虑要消灭"两广"的国民中央政府。蒋介石一面调兵遣将，一面收买陈济棠部下，首先分化了广东军阀势力，粤军将领的投诚让陈济棠不战自败，而后蒋介石又集中兵力将广西包围，通过调停会晤，双方妥协，至9月中下旬和平解决了"两广事变"。

解决了这一危机的蒋介石于10月22日飞抵西安，亲自督战并决心一举消灭红军。张学良、杨虎城面陈"停止内战，一致抗日"的主张，却遭到蒋介石的严词拒绝。10月29日，蒋介石进驻洛阳，口头上以避寿为由，事实上是避开张学良、杨虎城，部署三十万的精锐部队和百余架战斗机，准备围攻陕北红军。张学良借着到洛阳祝寿的机会，再次苦劝蒋介石联共抗日，又一次遭到蒋介石的痛斥。

在日军大举侵华、北方绥远抗战爆发、全国人民抗战热情高涨的历史背景下，东北军和十七路军官兵上下对蒋介石的"攘外必先安内"政策的抵触情绪日益凸显。10月27日，蒋介石赴王曲军官训练团进行剿共动员，大讲剿共先于抗日。全体团员议论纷纷，特别是东北军将领，对不能上抗日前线收复故土非常不满，张学良请缨抗战亦被拒绝。

11月22日，国民党逮捕了抗日救国会领袖沈钧儒、章乃器、邹韬奋、李公朴、沙千里、史良、王造时等。这也使张学良、杨虎城认识到，要改变蒋介石的态度，仅凭口头劝说是无法奏效的。于是，12月2日，张学良赴洛阳要求蒋介石释放"七君子"，同时邀请蒋介石亲自至西安训话，以稳定官兵心理。

西安事变前的张学良和杨虎城

西安事变纪念馆

12月4日，蒋介石再次抵达西安，驻华清池。张学良、杨虎城又一次诤谏无效。蒋介石还以将东北军、十七路军分别调往安徽、福建为惩戒，要求张、杨加紧剿共。

蒋介石与张学良

张学良

杨虎城

　　12月9日一二·九运动一周年之际,西安一万多学生游行请愿,要求政府停止内战,一致抗日。蒋介石命令张学良武力镇压,坚定了张学良、杨虎城兵谏的决心。

　　12月11日,张学良两次赴临潼做最后的努力,苦谏蒋介石联共抗日。但蒋介石心意已决。张学良深夜赶回西安同杨虎城召集亲信部署兵谏。

　　12月12日凌晨5时,按照计划安排,杨虎城部拘捕在城内的陈诚等国民党军政大员,控制西安的军警武装,接管机场;张学良部则包围华清池,扣留蒋介石。

　　蒋介石选择的是骊山脚下华清池五间厅作为自己的下榻之处。前往捉蒋的东北军与蒋介石的卫队武装发生交火,听到枪声的蒋介石穿着睡衣，假牙也来不及戴就翻墙而逃，跌入墙下深坑扭伤了腰背，还掉下一只鞋。时年已经四十九岁的蒋介石顾不得这些，径直向骊山上爬去，至山腹一块赭红色虎斑巨石石缝凹褶处藏身。此时已是黎明，追寻搜山的东北军第三次经过时发现了蒋介石，将其移送西安。

华清池五间厅

华清池五间厅蒋介石卧室

蒋介石行辕会议室标识牌

蒋介石行辕会议室内景

　　当日，张学良、杨虎城通电全国，提出了停止内战、一致抗日的八项主张。同时，采取了致电南京国民党军政要员和社会各界，公开申明西安事变的原因、目的和方针，撤销西北剿共总司令部，建立抗日联军临时西北军事委员会，解散国民党陕西省党部，释放政治犯，电邀中国共产党代表谈判等一系列军政措施。

1936 年 12 月 13 日的《西安文化日报》关于西安事变的报道

针对事变的应对方案，南京国民政府形成了两种不同的意见，以宋子文、孔祥熙、宋美龄为代表的亲英美派主张营救蒋介石，和平解决；而亲日派则加紧了取蒋而代之的步伐，一方面电召汪精卫回国，另一方面任命何应钦为讨逆军总司令，率中央军奔赴潼关，同时派空军轰炸渭南县城和赤水车站，并逐渐转向西安。

中国共产党在事先并不知情的情况下，在事变后最短的时间内以民族大义、抗日形势为重，确定了和平解决西安事变的方针：一方面在军事上提醒并配合张学良、杨虎城抵制国民党中央军的行动，另一方面派出周恩来、博古、叶剑英等代表至西安调停谈判。

12 月 22 日，宋子文、宋美龄和蒋介石的私人顾问端纳与张学良、杨虎城以及周恩来领导的中共代表进行了谈判，初步达成包括停止剿共、联合抗日、改组南京政府等条款在内的五项协议。

25 日上午，周恩来在张学良等的陪同下见到了蒋介石，得到其口头承诺的"停止剿共，联红抗日，统一中国，受他指挥"的答复。正当周恩来准备力劝张学良接受中共中央提出的包括撤兵、签字、释放政治犯等在内的放蒋条件时，却于当天下午获知张学良已经亲自护送蒋介石飞抵洛阳。

26 日，蒋介石抵达南京，西安事变和平解决，张学良也开始了长期被幽禁的生涯。

张学良、杨虎城的兵谏及其和平解决，是全面内战结束和国共再次合作开始的标志，是扭转中国抗战时局的关键，为抗日民族统一战线的建立奠定了基础。

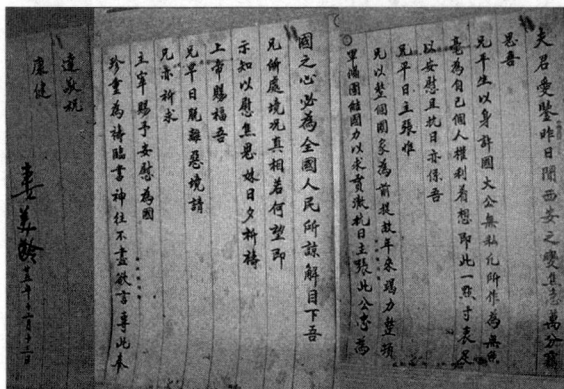

宋美龄西安事变时写给蒋介石的信

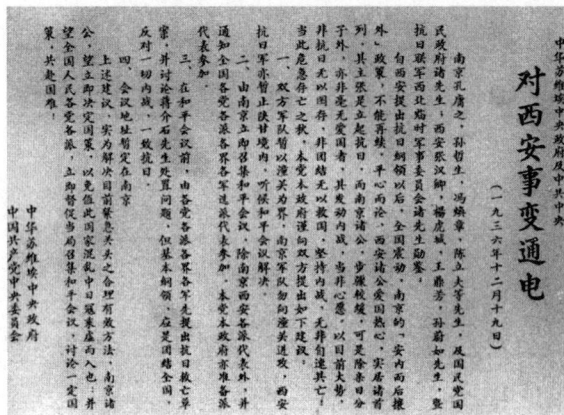

中华苏维埃中央政府及中共中央对西安事变的通电

第三章　洛川会议旧址

第一节　遗址概览

　　1937 年 8 月，中共中央准备召开一次政治局会议，主要议题是商讨党在全面抗战中的战略问题，因此需要扩大会议范围至红军主要领导人。考虑到红军将领基本驻扎在关中的泾阳、富平等地，而党中央则在年初进驻延安，洛川恰恰处于关中与延安的中间，同时还是红白交界之处，虽然处于国统区范围之内，但国共两党第二次合作关系刚刚建立，驻守的东北军与我军关系友好，安全有保证，故最终选择洛川作为会议地址。这次中共中央政治局扩大会议在历史上被称为洛川会议。

　　洛川县县城以北十公里附近的公路旁有个清澈的池塘，附近居民洗衣和牲畜饮水基本都依靠这个池塘。洛川会议旧址就坐落在紧挨着池塘的冯家村中，原本是个私塾小学堂的校舍。旧址的主体建筑是坐北朝南的两孔砖窑，因为太过普通，新中国成立后直至 20 世纪 60 年代几经周折才最终找到并确定下来。

洛川会议旧址石碑

洛川会议纪念馆外景

　　冯家村紧靠咸榆公路，交通便利，加之地处高原之上，全村只有三十多户农民，安防条件相对理想。村子中央是一所小学，湿土打起的围墙将两孔砖窑维护起来。经过商谈，校长同意中共借用校舍开会。于是，这个小小的院落自 1937 年 8 月 21 日起，陆续接待了中共中央领导和红军首领数十人。小院东侧的砖窑是毛泽东的办公室兼寝室，窑内设施非常简单，一盘土炕加一副桌椅盆架。西侧的砖窑是当时的会议室，两张方桌外加两张课桌拼成了临时的会议桌，配有两条长木凳和五张方木凳。会议共召开了四天，其他领导分住在农户家中。

洛川会议旧址外景

洛川会议旧址外景

洛川会议会议室内景

自建纪念馆以来，洛川会议旧址经过了多次修缮和布展。今天我们去参观，还可以看到会议室墙壁上悬挂的《中国共产党抗日救国十大纲领》油印材料等革命文物。

第二节　抗战追忆

一、全国性抗战不等于全面抗战

日本不满足于侵占了东三省，为了进一步扩大侵华范围，1937 年 7 月 7 日，日军借口一名士兵失踪，制造了卢沟桥事变。这标志着全面侵华战争的开始。中国国民革命军第二十九军进行了英勇的抵抗。

卢沟桥事变的发生，使全国各阶层极为震惊。中国共产党在卢沟桥事变的第二天发表通电，揭露了日本的侵华野心，呼吁全民族共同抗战。中国工农红军将士也致电国民政府军事委员会委员长蒋介石，表达了保卫华北、积极抗日的立场。中共中央在 7 月 15 日向国民党递交了《中国共产党为公布国共合作宣言》，表明了在民族危机之下团结御侮的决心，同时表示将做出实行三民主义、民权政治、停止没收地主土地、将红军纳入国民革命军序列等让步举措，呼吁国共两党精诚团结、共同抗日，呼吁国民党改善民生，发动全民族抗战。但是，国民党方面却迟迟未予以回应。

中间党派呼吁发起全国性抗战，要求国民政府改善民生、发展民主政治，积极援助卢沟桥抗战，并呼吁全国同胞团结起来、为了民族而奋斗。但是，中间党派手里没有武装，只能摇旗呐喊。

卢沟桥事变发生以来，蒋介石电令时任国民革命军第二十九军军长兼冀察政务委员会委员长宋哲元，要求中国军队守住国家土地。随后蒋介石作为国民政府领导在庐山发表讲话，表明了对于抗战的不可动摇的立场，表达了保卫国家领土的决心，提出从民族的千古罪人的立场看待抗战。

日本军国主义实行一边打一边拉的方针，前方战争不断，后方则拉拉拉扯扯地与国民政府秘密谈判，以此作为缓兵之计，借以调兵遣将，谋求战争的优势地位，但是其灭亡中国的野心从未减小。国民党政府坚持认为抗日战争是政府和军队的事情，与民众无关，不敢发动人民群众，害怕人民群众推翻了自己，从而压制民主和群众运动，导致军队孤军奋战，无力抵抗日军的疯狂进攻，致使国土大面积沦丧。北平和天津很快沦为日本的囊中之物，7月29日北平被日军占领，30日天津被占领。

8月13日以日军进攻上海为序幕，淞沪抗战打响。国民党军队进行了英勇抗击，但是却无力抵抗日军的疯狂进攻。面对日军的疯狂进攻态势，国民党和蒋介石不得不允许红军加入抗战，也基本同意将红军纳入国民革命军序列。

国民党在抗战过程中始终存在两面性：一方面，有抗战的积极性与主动性，但不敢发动民众，实行单纯依靠国民政府和国民革命军的片面抗战路线，迟迟不进行民主改革，不给人民民主与自由；另一方面，对中国共产党和红军进行排挤、打压，甚至一直想借用日本人的手消灭共产党及其军队。

面对日军侵华和国民党抗战存在两面性的复杂形势，中国共产党需要分析形势、研究对策，特别是在抗战路线上坚持正确的方针和正确处理与中国国民党的关系，因此，召开政治局会议研究党的路线方针政策显得尤为必要。

二、确定全面抗战路线

1937年8月22—25日，中共中央在陕北洛川县冯家村召开了政治局扩大会议，也就是历史上著名的洛川会议。会议讨论制定动员全国军民开展民族解放战争、实行全面持久抗战的方针，进一步确定党在抗日战争时期的任务及各项政策。

会议由张闻天主持，毛泽东做军事问题和国共两党关系问题的报告。关于军事问题，毛泽东指出，根据中日战争中敌强我弱的形势和敌人用兵的战略方向（以夺取华北为主），抗日战争是一场艰苦的持久战。红军在国内革命战争中，已经发展为能够进行运动战的正规军，但在新的形势下，在兵力使用和作战原则方面，必须有所改变。红军的基本任务是：创造根据地，牵制消灭敌人，配合友军作战（主要是战略配合），保存和扩大红军，争取共产党对民族革命战争的领导权。红军的作战方针是：独立自主的山地游击战争，包括在有利条件下集中兵力消灭敌人兵团，以及向平原发展游击战争，但以山地为主。独立自主是相对的，是在共同抗日的统一战略目标下的独立自主的指挥。游击战的作战原则是，游与击结合，打得赢就打，打不赢就走，分散发动群众，集中消灭敌人；

参会代表赴冯家村路线图

洛川会议记录档案

以山地为主，是考虑到其便于创建根据地，建立起支持长期作战的战略支点。关于国共两党关系问题，毛泽东指出，要坚持统一战线，巩固并扩大统一战线；同时要保持共产党在政治上、组织上的独立性，记取1927年大革命失败的教训，对国民党的反共倾向保持高度的警觉。总之，必须坚持统一战线中的无产阶级领导权。

洛川会议宣传墙

　　会议就国共关系、战略方针和出兵等问题进行了讨论。张闻天、周恩来、朱德等就有关问题做了报告和发言。会议确定八路军的战略方针是独立自主的山地游击战争。但由于时间紧迫，对游击战与运动战的主次关系问题，未能充分讨论。虽然这时国民党还没有发表中共中央关于国共合作的宣言，正式承认共产党和陕甘宁边区的合法地位，但鉴于华北形势危急，会议仍然决定立即出动红军主力到山西抗战前线。

　　会议通过了《中共中央关于目前形势与党的任务的决定》。其指出，中国的抗战是一场艰苦的持久战，争取抗战胜利的关键，在于使已经发动的抗战发展为全面的全民族的抗战。而国民党实行的是片面的抗战路线，即坚持国民党一党专政，只实行单纯政府和军队的抗战，并拒绝一切有利于抗日的根本改革，不给人民以抗日所必需的民主自由权利，不改善工农大众的生活，防止人民力量在抗战中发展，反对抗日战争成为人民大众的抗战。这一路线包含着极大的危险性，必然招致严重的失败。因此，在今后的抗战过程中，可能会出现许多不利的情况。共产党及其领导的民众和武装力量，应该站在斗争的最前线，使自己成为全国抗战的核心。

洛川会议旧址内外景

洛川会议通过的《中共中央关于目前形势与党的任务决定》

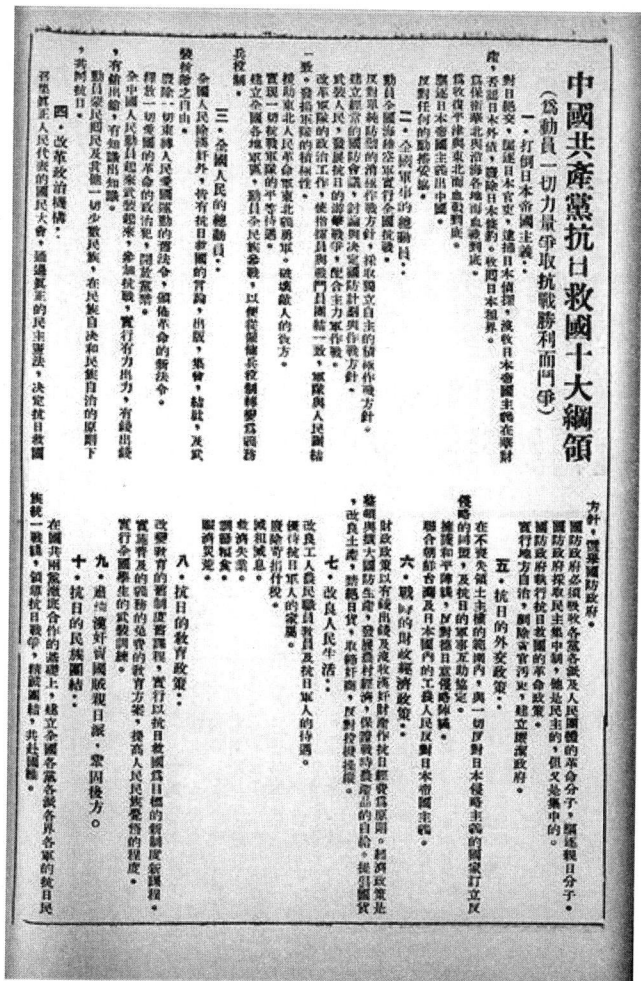

洛川会议通过的《中国共产党抗日救国十大纲领》

会议还通过了《中国共产党抗日救国十大纲领》和毛泽东起草的宣传鼓动提纲。十大纲领的内容是：1. 打倒日本帝国主义；2. 全国军事的总动员；3. 全国人民的总动员；4. 改革政治机构；5. 抗日的外交政策；6. 战时的财政经济政策；7. 改良人民生活；8. 抗日的教育政策；9. 肃清汉奸卖国贼亲日派，巩固后方；10. 抗日的民族团结。这是实行全面抗战路线的纲领。这些纲领的实行，使抗日民族解放战争朝着有利于人民胜利的方向发展。

会议讨论并决定了在全国抗战到来的新时期党的基本行动路线和工作方针。这主要是：在敌人后方放手发动群众，开展独立自主的游击战争，配合正面战场，开辟敌后战场，建立抗日根据地；在国民党统治区，广泛发动群众性的抗日救亡运动，推动桂系和川军等地方实力派拥蒋抗日；在有利于动员全国人民参加抗战的前提下，争取人民应有的政治、经济权利；将减租减息作为抗战时期解决农民问题的基本政策，保卫、巩固和建设陕甘宁边区，使其成为抗日民主的模范区。

会议决定组成中共中央革命军事委员会 (简称中央军委)，以加强党对军事工作的领导。中央军委由毛泽东、朱德、周恩来、彭德怀、任弼时、张浩、叶剑英、林彪、贺龙、刘伯承、徐向前十一人组成，毛泽东为书记 (亦称主席)，朱德、周恩来为副书记 (亦称副主席)。会议期间，中央政治局常委会还决定设立中央军委前方军分会。同时决定建立长江沿岸委员会，周恩来、博古、叶剑英、董必武、林伯渠为委员，周恩来为书记。

中共中央革命军事委员会名单		
(洛川会议选出)		
主　席	毛泽东	
副主席	朱德　　周恩来	
委　员	毛泽东　朱　德　周恩来	
	彭德怀　任弼时　张　浩	
	叶剑英　林　彪　贺　龙	
	刘伯承　徐向前	

洛川会议选出的中共中央革命军事委员会名单

洛川会议旧址雕塑

洛川会议是在全国抗战刚刚爆发的历史转折关头召开的一次重要会议。会议制定的党的全面抗战路线，把实行全民族抗战与争取人民民主、改善人民生活结合起来，把反对外敌入侵与推进社会进步统一起来，正确处理了民族矛盾与阶级矛盾的关系。会议通过的《中国共产党抗日救国十大纲领》阐明了党在抗日战争时期的基本政治主张，指明了坚持长期抗战、争取最后胜利的具体道路，这是同国民党所实行的片面抗战路线不同的正确的抗战路线。

第四章　抗战时期的七贤庄
——八路军西安办事处

第一节　遗址概览

　　西安市北新街有一个著名的历史文化景点——八路军西安办事处。八路军西安办事处又名为八路军驻陕办事处。遗址现成为八路军西安办事处纪念馆。

八路军驻陕办事处大门

　　1936 年年初，中国共产党领导的红军在七贤庄一号院设立秘密联络处。1936 年 12 月西安事变爆发及其和平解决，开启了国民党和共产党的第二次携手合作。西安事变后，七贤庄一号院成为红军联络处。卢沟桥事变后红军改编为八路军。9月，办事处改称国民革命军第八路军西安办事处。八路军西安办事处是全国十五个八路军、新四军办事处中成立最早、坚持时间最长、影响最大的办事机构。1946年6月蒋介石发动全面内战后，办事处于9月从西安撤回延安。1959年，在七贤庄一号院的基础上建立了八路军西安办事处纪念馆。1984年，对一号院、三号院、四号院进行了翻修、加固和维修。1988年，八路军西安办事处被国务院确定为全国重点文物保护单位。

在抗日战争时期，八路军西安办事处是中国共产党在西安设立的合法的联络机构，其主要职责是宣传和落实中国共产党抗日民族统一战线政策，发动各阶层群众掀起抗日救亡运动，协助进步青年到延安参加革命，为革命力量的壮大而努力奋斗。此外，八路军西安办事处负责为陕甘宁边区和前线筹备、输送战争物资以支援抗战。

八路军西安办事处坐北朝南，共十所院落，办公地点包括一号院、三号院、四号院、七号院。中国共产党的著名领导人叶剑英、林伯渠和董必武先后出任八路军西安办事处党代表。刘少奇、周恩来、朱德、邓小平、彭德怀、叶剑英、博古、吴玉章等因工作需要，曾经数次在八路军西安办事处居住。抗战时期著名的援华医生白求恩大夫、柯棣华大夫和巴苏大夫在此居住过，美国进步作家史沫特莱也在此居住过。

八路军办事处的主要办公地点是红军最初使用的一号院，占地面积约为1394平米，两进院落，"工"字造型，平房样式，砖木结构，布局方正，环境优雅，有南门、西门、北门三个门。三、四、七号院隔二、五、六号院依次向东排列，结构与一号院基本相同。二、四号院为办事处下属各部门和工作人员居室，七号院为招待所。其中接待室见证了进步青年奔向延安中转西安的场景。会客厅见证了周恩来、朱德、林伯渠等中共领导人分别会见史沫特莱、侯外庐、胡宗南、白求恩、李公朴、闻一多等知名人士的场景。

如今，八路军西安办事处已经成为追忆抗战岁月的重要爱国主义教育基地。

八路军西安办事处纪念馆大门

八路军西安办事处纪念馆

八路军西安办事处纪念馆院落布局

八路军西安办事处纪念馆院内纺车

第二节　抗战追忆

一、八路军西安办事处的建立

八路军西安办事处，是抗日战争时期中国共产党在国民党统治区公开办事机构中历时最长、最有影响力的一个红色堡垒。

1936年春，西北革命根据地医疗器械和药品奇缺，中共中央指派党的地下工作人员到全国各大城市进行秘密采购。为了把分散、零星购买到的器械和药品集中转运到陕北苏区，中央认为西安是最适宜的接收转运地。除此以外，还有一个关键点是收货人既要稳妥、可靠又不会引起国民党特务的怀疑。住在上海的美国进步人士、中国人民的好朋友史沫特莱女士知道这件事后，便积极地向党的地下工作人员推荐德国朋友海伯特·温奇（西安事变当天早晨外出，不幸中流弹身亡）。海伯特是德国共产党党员，受德共的派遣，以牙医博士的身份为掩护到上海帮助中共工作。经过联系，海伯特同意将他的牙科诊所迁移到西安，作为向陕北输送医疗器械和药品的转运站。当时，陕西省银行为做房地产生意而修建的七贤庄十个院落刚落成，共产党地下工作人员就租赁了七贤庄一号院开办牙科诊所。同年春夏之交，海伯特从上海来到西安，在七贤庄一号院挂上"德国牙医博士冯海伯诊所"的招牌"开张营业"，党的秘密转运站就开始工作了。这个秘密转运站，在西安事变前的这段时间里，除了出色完成采购并向陕北苏区转运药品、医疗器械和通信器材等紧缺物品外，还安装了一个小电台和一部扩大机，专门接收陕北的重要新闻和中共中央的指示、电报等。

西安事变和平解决后，七贤庄一号院成为红军联络处，后又改为中国工农红军西北办事处，以国民革命军第三十八集团军教导队通讯训练班的名义开展工作。红军联络处由和平解决西安事变的中共代表叶剑英负责，李克农、张文彬、李涛先后担任秘书长。主要任务是协调发展红军、东北军、西北军"三位一体"的团结与合作，开展抗日救亡的统一战线工作，采办陕北苏区和红军部队所需的粮秣、服装、武器等，是一个半公开的办事机构。

卢沟桥事变后，根据国共两党达成的协议，中共中央军事委员会于1937年8月25日发布红军改编为国民革命军第八路军的命令。设立在七贤庄的中国工农红军西北办事处，随即改为国民革命军第八路军驻陕办事处。9月11日，按照国民政府各战区的部队序列，八路军改称第十八集团军。随之，七贤庄一号院又挂上了国民革命军第十八集团军驻陕办事处的牌子。中共中央驻陕代表林伯渠、董必武、八路军总部高级参议宣侠父先后常驻办事处指导工作，伍云甫、周子健先后任办事处处长。

八路军西安办事处机要室

二、八路军西安办事处在抗战中的作用

八路军西安办事处是国共第二次合作期间，八路军设在国民党统治区西安的公开办事机构，也是中共中央在西安的一个工作站。中国共产党和八路军领导人周恩来、朱德、刘少奇、彭德怀、林伯渠、叶剑英等都曾在这里生活和战斗过。西安八办还接待、护送了中央和军队的各级领导人邓颖超、邓小平、左权、张闻天、王稼祥、任弼时、徐向前、林彪、张云逸、徐海东、王首道、陈赓、陈云、邓发、张浩、许光达、贺龙、刘伯承、萧克、李天佑、刘亚楼、蔡树藩、钟赤兵、马明方、毛泽民、王铮、曾山、王观澜、谢觉哉、徐特立、吴玉章、王若飞、王树声、王维舟、车耀先、邓子恢、甘泗淇、蔡畅、肖华、叶挺、边章五、关向应、许建国、吴仲廉、张子意、张琴秋、陈昌浩、张鼎丞、陈郁、陈潭秋、罗世文、罗炳辉、刘子久、朱理治、陶铸、粟裕、傅连暲、曾希圣、廖承志、杨尚昆、李伯钊、张德生、贾拓夫、潘自力、潘汉年、欧阳山，等等。

西安八办是全国各地连通革命圣地延安的红色桥梁，无数有志的热血青年通过这座桥梁进入延安，又带着党交给的重要使命奔赴抗日前线和全国各地的革命岗位。

八路军西安办事处厨房

陕甘宁边区是土地革命时期唯一完整保存下来的红色革命根据地，在党中央和毛泽东的领导下，实施了新民主主义纲领，人民群众在这块

新天地里，创造了惊天地泣鬼神的丰功伟绩。对于全国来说，陕甘宁边区是民主、自由、进步的象征，是全国坚持抗战不动摇的指挥中心和敌后抗日根据地的总后方，为全国人民所向往。卢沟桥事变之前，进入延安的爱国青年大多是绥德、米脂以及关中地区的青年学生、工人、农民。抗日战争爆发后，正如毛泽东所说："全国各地，远至海外的华侨，大批的革命青年都来延安求学。"

全国各地要求去延安的人，大多先到西安八办，在这里进行谈话、审查，经批准后再把他们组织起来，或集体步行，或搭乘顺路汽车北上延安。由于来西安八办要求去延安的人日多一日，西安八办在秘书科下设学生股专门负责青年的接待工作。熊天荆、王邦屏、史悦、刘潜等人，每天在接待室与来人谈话，指导填表，是党、团员的还要转换组织关系，十分繁忙。西安八办在给中央的报告中称："大多数的青年，由于时代的发展，客观环境的变革，有了新的认识、新的觉悟，为了实现他们的理想，争取抗战的胜利，愿意牺牲一切，投入革命的营垒中来，我们用欢迎和亲切的态度接待了这些优秀的进步青年。"

只有自愿为抗日事业奋斗、牺牲，且能过艰苦生活的人，才能得到批准进入延安。在谈话中，要具体地询问对抗日的认识和态度，要给来者说明延安艰苦的生活条件；对来人讲清楚，既可以去延安，也可以离开，来去自由。从而更加体现了共产党的真诚、包容与其内部宽松的政治环境，正是这一点吸引了更多的青年人。

卢沟桥事变后不久，在西安高中设立的平津同学会中，不断有人到七贤庄要求去延安。其中有具有一二·九学生运动光荣经历的西安临时大学学生，他们或由进步教授介绍，或由"民先队"介绍，有的学生则自行来到西安八办，要求批准他们北上延安。许多外地到西安来的青年，途中遇到关卡时，就以投奔西安临时大学为借口而顺利通过。国民政府将西安临时大学迁到城固后，仍有不少平津学生经西安八办介绍北上延安。

西安各中等学校师生，将北上延安视为潮流。省立西安二中、西安高中、西安女中、竞存中学、乐育中学等学校师生经西安八办批准到延安的为数不少。乐育中学，1936 年有六人去陕北，1937 年有七批（人数不详）去延安，1938 年有一百多人到延安。竞存中学校长车向忱先后介绍了一百多名学生到西安八办，再由西安八办批准北上延安。当时，青年学生潮水般涌向延安。1937 年 11 月底，伍云甫写信给毛泽东、张闻天说道："现在前后方均已通知停止招生，安吴堡青训班也人满之。但各省学生接踵而来，且许多纯洁进步分子恳切要求，甚至流泪，拒之诚可惜，这是爱国青年的大问题，请复示之。"过了不久，伍云甫再次写信报告毛泽东、张闻天："最近投考抗大、陕公和青训班的非常之多，每天都有十数起来打探消息，并且问题非常之多，从天亮起一直缠到夜深之，现有三四个搞接待的，还是应接不暇，如果抗大等校继续招考的话，请派得力干部来主持，不然会妨害其他工作的。"

1938 年 4 月，延安抗大、陕北公学等学校以及泾阳安吴堡青训班派来干部，租用七贤庄七号院，和西安八办联合成立了招生委员会，共同担负起招收青年学生的工作。为了便于接待，在革命公园、通济南坊二十七号院和七号院设立了招待所，由红军干部曾先基负责，解决青年学生的食宿问题和安全保卫工作。3 月中旬，伍云甫回延安汇报工作时，毛泽东接见并指示他："招收青年学生越多越好，不要害怕坏人混进来。"在座的抗大副校长罗瑞卿说："不要担心，抗大就是个炼钢炉嘛。"一批一批的爱国青年来到西安七贤庄，在招生委员会报到，经过审查后，一批又一批北上奔赴延安。

全国各省奔赴延安的爱国青年，以河南、四川的居多。四川万县的青年教师熊道柄率领妻子、堂弟、侄儿等七人，沿着脚夫行走的栈道前进。第一天走了九十里，第二、第三天之后就人困马乏、举步维艰了，但没有一个人打退堂鼓。沿途又经历了土匪抢劫、关卡搜查等种种考验才翻越秦岭到了西安。西安八办批准了他们的请求，发给每人一套八路军服装、一个一一五师的臂章，与全国各地来的男女青年九十多人一起，由一名工作人员带队步行到了延安。虽然大家都是初次见面，使用着不同

第四章 抗战时期的七贤庄——八路军西安办事处

省份的方言，但共同的目标把他们集合到了一起。大家彼此关怀，同唱抗日歌曲，在崎岖的山路上行进。正如印度援华医疗队队员巴苏华日记中写的那样："在去往延安的路上，到处都是嘹亮的抗日歌声，它回荡在群山间。而群山环绕的山间小路，步行前进的一群群青年时隐时现，他们欢快、年轻，用呼声、手势与我们亲切地招呼着。"

西安八办在输送大批爱国青年去延安的同时，还接待了一批又一批、一个又一个知识分子和曾在国统区搞过进步活动的文艺工作者。冼星海在抗战爆发前已是上海有名的音乐家。抗战爆发后，他可以在重庆郭沫若领导的待遇优厚、生活条件优越的三厅工作，但他向往延安。到了西安后，他给西北电影公司搞作曲、配曲，公司竭力挽留他，承诺给以高薪，作品另付稿酬。但他一一婉拒后，与夫人钱韵玲坐上西安八办安排的汽车北上延安。在延安，依然不断地收到各地的邀请信件，但面对艰苦的生活条件，他毫不动摇，与光未然合作，创作了气势磅礴、传遍大江南北的《黄河大合唱》。1940年5月，他与袁牧之去苏联制作影片《延安与八路军》，再次在西安八办留住了数月。其间，他给工作人员讲音乐课，给经过西安八办的八路军、青年学生教唱《黄河大合唱》，并使之在古城西安到处传唱。

抗日战争爆发后，侨胞中有六万人回国参加抗战，两千余人走上战场，有近七百人经过西安八办进入延安。其中，有集体，也有个人。1938年11月，南洋柔佛士乃区华侨回国服务团十三人，驾驶着小型救护车、大型轿车，由武汉八办北上，行程七天到达西安八办。伍云甫处长为他们举行了欢迎会并致欢迎词，留他们住了三天后送往延安。1938年3月间，重庆八办组织了一百多人，其中有海外华侨七十多人，乘车北上延安。因为人多目标大，遂以"广告招生"为掩护到达西安八办，住了几天后前往延安。

西安八办还先后接待了归国抗日侨胞谭岚、陈明、陈人颂、陈光来、王唯真、杨惠琳、王斗光、王宗、陈龙、刘琦、吴醒柏、卡洛夫、林百声、白刃、李金发、戴行吾、陈莉丽、陈日梅、陈若明、杜伦、刘卓云等。

他们在西安八办的护送下北上延安，并进入抗大、陕公、鲁艺、女大等校学习。进入延安的归国侨胞，经过学习和锻炼后，奔赴前线或敌后，加入了伟大的民族抗日自卫战争。

由西安八办接待和护送进入延安的爱国人士和各界青年，总计有两万多人。正如女作家丁玲所说：毛主席统帅革命大军，创业维艰，革命需要人，需要大批有才华的知识分子。这数以万计的人流，几乎全部由西安八办护送北上延安。陕北公学校长成仿吾也说过，陕公学员万人，几乎全由西安八办送来。概言之，过往人员大致分为四种情况，一是中共中央及各级党政军领导人；二是八路军、新四军调防的指战员，抗大等院校毕业生到敌后去工作的人员；三是国内知名人士、外国友人、海外华侨、港澳同胞；四是追求革命的爱国知识分子和青年学生。在西安八办向陕甘宁边区所输送的人员中，绝大多数是有知识、有文化的爱国青年，其中许多还是学有专长的特殊人才，他们为民族解放事业做出了重大贡献。

西安八办以其直接与中共中央保持联系的优势，及时地传达、贯彻关于抗日民族统一战线的政策和指示，在推动全民族抗日运动发展的同时，直接领导和推动了西安地区的抗日救亡运动；支持、指导和帮助西安地方党组织开展统战工作，培训地方党员干部，掩护地方党组织，促进了西安党组织的发展。

抗战期间，西安八办为建立和巩固抗日民族统一战线，为八路军领取款项、采购物资，为组织广大爱国青年奔赴延安、走向抗日前线等，进行了艰苦卓绝的工作，为中国人民彻底打败日本帝国主义做出了重要贡献。

第五章　中国抗日军政大学

第一节　遗址概览

中国人民抗日军事政治大学，常被人称为抗日军政大学，简称抗大。其前身是中国工农红军学校。为了适应抗日战争形势的需要，1936年5月20日，毛泽东主持召开中央政治局常委会，决定创办中国抗日红军大学。1936年6月1日，中国抗日红军大学于瓦窑堡成立。6月21日，国民党第八十六师高双成部队一部偷袭瓦窑堡，中国抗日红军大学随党中央迅速撤离，于7月3日迁到陕北保安。西安事变和平解决后的1937年1月，中国抗日红军大学随中共中央机关迁至延安城内原学府衙门（今天的抗大旧址），并改称中国人民抗日军事政治大学。1937年4月，改称中国人民抗日军政大学。毛泽东任抗大教育委员会主席，林彪任校长。

延安市宝塔区北二道街西侧有一幢古色古香、朱漆大门的庄严建筑，这就是在抗战中被炸毁的中国人民抗日军事政治大学旧址上改建的抗大纪念馆。大门是根据当年的原形复原而成的。正门两侧照壁上白底红字书写的"团结、紧张、严肃、活泼"八字校训，总能让人回想起唱着"努力学习，团结紧张，严肃活泼，我们的作风；积极工作，艰苦奋斗，英勇牺牲，我们的传统"这首《中国抗日军政大学校歌》，出入校园的抗大学员们，他们构成了延安乃至中国革命一道亮丽的风景线。

抗战时期的抗大

1964 年，在校址上修建了抗大校史陈列室。1996 年 10 月 14 日，被中共中央宣传部确定为国家级爱国主义教育基地。2003 年，在原址上修复了抗大校门，并修建了抗大纪念馆。2004 年 10 月 1 日，纪念馆正式对外开放。

抗日军政大学是中国共产党培养抗日军政干部的摇篮，它以其鲜明的办学特色和丰硕的教育成果驰名中外。艰苦的教学条件为抗大赢得了"窑洞大学"的美誉。当年美国记者埃德加·斯诺风靡世界的著作《西行漫记》中，就有一段描写抗大的语句："有什么别的学校由于'纸荒'而不得不把敌人的传单翻过来当作课堂笔记本使用……以窑洞为教室，石头砖块为桌椅，石灰泥土糊的墙为黑板，校舍完全不怕轰炸的这种'高等学府'，全世界恐怕只有这么一家。"[1]该段描述真实地反映了中国共产党在极其艰苦的环境中培养出大批德才兼备的军政人才的历史。今天

---

[1]〔美〕埃德加·斯诺：《西行漫记》（原名《红星照耀中国》），董乐山译，北京：生活·读书·新知三联书店，1979 年版，第 88 页。

的抗大教室中还保留着石桌、石凳、黄泥黑板等旧物。当置身其中时，仿佛能够亲眼看到近一个世纪前中国共产党创造的不朽神话。"边生产边学习，边战斗边学习"，则成为抗大的另一大特点。在纪念馆内，我们随处可见抗大学员利用一切机会学习的记录。这边一座行军队伍背着小黑板，举着书本，边完成军事任务，边学习文化知识的雕塑；那边一张战士们在完成生产任务休息时，人手一书抓紧时间学习的照片。这也是中国共产党能在紧张的战争条件下出色完成教育教学任务的秘诀。

抗大毕业证

第二节　抗战追忆

抗大是一所组织机构健全的学校，除前述毛泽东任抗大的教育委员会主席兼政治委员，林彪任校长外，刘伯承任副校长，教育长罗瑞卿，党总支书记莫文骅。抗大总校有十四个大队。此外，抗大还有八所分校。

一、在陕北办学的火热岁月

1936 年 6 月 1 日，中国抗日红军大学在陕北瓦窑堡创建并举行了第一期开学典礼。毛泽东在典礼上指出：我们创办红大是为了迎接民族解放战争的到来，我们红大要继承黄埔军校未完成的任务，在第二次大革命中成为主导力量，即要争取中华民族的解放。

抗大旧址大门

　　1936 年年底，西安事变和平解决，抗日民族统一战线开始形成和发展，全国进入准备全面抗战的新阶段。各方面都迫切需要大批干部去开展工作。红大一期学员于此时毕业，分赴红军主力部队及全国各地。从红大走出的一批杰出的中国共产党和军队的领导人有罗荣桓、罗瑞卿、谭政、彭雪枫、陈光、杨成武、刘亚楼、王平、谭冠三、莫文骅、林彪、黄永胜等。

　　全国抗日救亡运动风起云涌，各地的革命青年和知识分子纷纷奔赴延安，寻求抗日救国的真理。为适应即将爆发的抗日战争对人才的需求，红大除继续培养红军干部外，还接纳来自全国各地的爱国志士，学校由培养红军干部扩大为培养全国抗战人才的抗日干部学校。

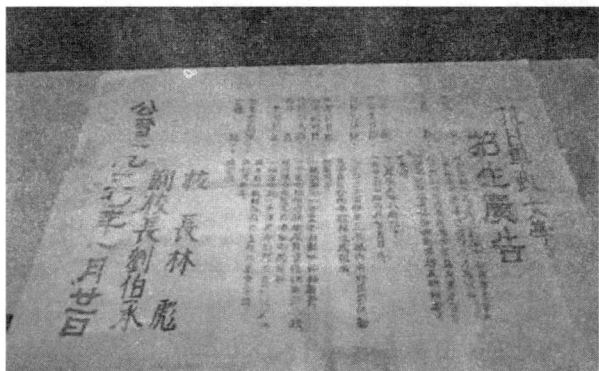
抗大招生简章

1937 年 1 月 21 日，抗大第二期举行开学典礼。学校成立教育委员会，毛泽东任教育委员会主席，委员有林彪、刘伯承、傅钟、罗瑞卿、刘亚楼、杨立三、莫文骅。校长林彪、副校长刘伯承，刘亚楼任训练部部长，傅钟任政治部主任，莫文骅任政治部副主任，杨立三任校务部部长。

毛泽东亲自为抗大制定了"坚定正确的政治方向，艰苦朴素的工作作风，灵活机动的战略战术"的教育方针和"团结、紧张、严肃、活泼"的校训，为抗大的建设指明了方向。

1937 年七七事变后，海内外优秀的炎黄子孙在"抗日高于一切"口号的号召下，冲破国民党的拦截和日寇的封锁，纷纷奔赴延安。抗大校园出现了母女、父子、夫妻，甚至全家都来学习的动人景象，抗大规模空前发展。当年毛泽东经常到校授课、做报告。在 1937 年 5 月至 8 月期间，毛泽东到抗大讲授"辩证唯物论"，每周两次，每次四小时。后来毛泽东发表的《实践论》《矛盾论》两篇哲学著作，就是在抗大讲课所用讲稿的主要部分。1937 年 7 月，抗大第二期学员毕业，毛泽东为学员毕业证书题词："勇敢、坚定、沉着，向斗争中学习，为民族解放事业，随时准备牺牲自己的一切。"

抗大学员在上课

为激励学员努力学习，肩负起抗日救国的责任，1937 年 11 月，毛泽东让中共中央宣传部负责人凯丰为抗大谱写一首新的校歌，以取代原来的《红大校歌》。后来，为了弘扬抗大的光荣传统，1989 年 1 月 9 日，作为"抗大传人"的国防大学在召开的首届党代会上，正式把《中国抗日军政大学校歌》确定为国防大学的校歌。

中国抗日军政大学校歌

词作者：凯丰

黄河之滨，集合着一群

中华民族优秀的子孙。

人类解放，救国责任，

全靠我们自己来担承。

同学们，努力学习，

团结紧张，严肃活泼，

我们的作风；

同学们，积极工作，

艰苦奋斗，英勇牺牲，

我们的传统。

像黄河之水汹涌澎湃，

把日寇驱逐于国土之东。

黄河之滨，集合着一群

中华民族优秀的子孙。

人类解放，救国责任，

全靠我们自己来担承。

同学们，努力学习，

团结紧张，严肃活泼，

我们的作风；

同学们，积极工作，

艰苦奋斗，英勇牺牲，

我们的传统。

像黄河之水汹涌澎湃，

把日寇驱逐于国土之东。

向着新社会前进、前进，

我们是抗日者的先锋。

　　1938年3月19日，毛泽东到抗大视察，他对知识青年学员寄予殷切期望，要求广大知识青年在战争中学习，他指出："你们到抗大学习，有三个阶段，要上三课。从西安到延安八百里，这是第一课。在学校里住窑洞，吃小米，出操上课，这是第二课。现在，第二课上完了。但是，最重要的还是第三课，这便是到斗争中去学习。"毛泽东的讲话使抗大知识青年备受鼓舞。

抗大学员学习的场景

　　1938年3月底，第三期学员开始陆续毕业，至5月全部分配完毕。除一部分学员留校当教员和做机关工作外，其余人员立即奔赴抗日前线。

　　1938年4月16日，抗大第四期正式开学，至12月陆续毕业。此时，华北地区以国民党为主体的正面战场，伤亡惨重，损失很大，在抗日战争全局中已退居次要地位；而以共产党为主体的敌后抗日游击战争，却

抗大旧址雕塑

得到较大发展，开辟了广大的敌后抗日战场，开始进入主导地位。在中华民族的危急关头，中国共产党领导下的八路军、新四军等抗日武装，在华北、长江南北等地展开了更加广泛的抗日游击战争，创建了许多抗日根据地，并牵制了日军向中原及大西北的进攻，有力地支援了国民党军队在正面战场的作战，从而极大地提高了中国共产党及其领导下的八路军、新四军等抗日武装的威望。随着中国共产党的威望日益提高，位于大西北的抗大像磁铁一样吸引着广大爱国青年和一些知名人士及华侨，他们以"国家兴亡，匹夫有责"的爱国主义精神，通过各种渠道，克服重重困难，潮水般地涌向延安，奔赴抗大，寻求抗日救国的真理。这一期吸收了众多的爱国知识分子，他们当中有参加过一二·九运动的平津地区及上海、南京、武汉等地的大、中学生；有知名的文艺界人士，如郑律成、贺绿汀、欧阳山尊、莫耶、史若虚、汪浑、张平、颜一烟等；有来自世界各地的六十四名华侨青年；有国民党军队将领的子弟，如国民党元老黄兴之子黄鼐、冯玉祥侄子冯文华等。

为满足广大知识青年和各界友好人士的抗日要求，抗大遵照中共中央和中央军委关于大量吸引外来知识分子的指示，本着"来者不拒，随到随即编队"的原则，开办了第四期学员班。第四期开学前后，每天要接纳几十名甚至上百名外来知识分子和各界人士，当时毛泽东欣然为第四期开学题词："学好本领，好上前线去。"并指示抗大要把为抗日前线培养知识青年干部作为这一期的中心任务。

广大知识青年的加入，不仅壮大了中国共产党的抗日队伍，而且在改善中国共产党领导下的八路军、新四军的知识结构等方面发挥了重要作用，产生了很大影响。抗大学员经过学习马克思列宁主义，努力改造世界观，成为中国共产党和革命军队的重要骨干。

1938年9月29日至11月6日，中国共产党在延安举行扩大的六届六中全会。11月30日，抗大政治部召开全校党的活动分子大会，深入传达、学习六届六中全会精神和毛泽东的指示。12月12日，毛泽东出席抗大干部晚会并做了报告。毛泽东的报告为抗大深入贯彻六中全会精神，进一步办好抗大指明了方向。

抗大第四期学员从1938年8月至12月陆续毕业，毛泽东为第四期学员毕业证书题词："努力奋斗，再接再厉，光明就在前面。"

1939年6月，抗日军政大学建校三周年纪念集会，图为大会主席台

抗大第五期于1939年1月28日开学，学员编为五个大队。此时，抗日战争形势由战略防御阶段进入相持阶段。在政治上，日军对国民政府及其军队加紧实施诱降活动；在军事上，停止对正面战场的国民党部队的战略进攻，逐渐将其主要兵力用来对付中国共产党领导的抗日武装；

在经济上，则加紧掠夺占领区资财。国民党蒋介石集团畏惧逐步加强的中国共产党领导的抗日武装力量，所以不断进行反共活动，制造分裂，大搞摩擦，并对陕甘宁边区进行了严密的封锁。后来，抗大挺进华北敌后办学。

二、在抗日烽火中辗转办学

1939 年，全国抗日战争由战略防御阶段进入战略相持阶段。由于日寇的疯狂"扫荡"和国民党反动派的残酷封锁，一方面，造成了边区的财政困难，另一方面，广大国统区和沦陷区的革命青年难以通过封锁线投奔延安入校学习。为了吸收和培养更多的抗日军政干部，进一步开展抗日游击战争，创造与巩固抗日根据地；为了继续发展国防教育事业，中共中央政治局于 1939 年 6 月 20 日决定将抗大等迁往晋东南。1940 年 11 月，抗大迁至冀西太行山腹地的邢西县（现邢台县）浆水镇一带。各部分散驻扎在邻近的村子里。校部驻前南峪村，由副校长滕代远、教育长何长工、政治部主任张际春主持日常工作。抗大在这里创下了总校在敌后驻留时间最长、教学条件最差、但教学内容最丰富、毕业人员最多的纪录，共培养出六、七、八三期八千多名学员，并派遣大批教职员奔赴各根据地。1943 年 1 月 24 日，抗大离开浆水重返延安。1945 年 10 月，抗大总校在副校长何长工带领下迁往东北，并改名为中国人民解放军东北军政大学。各个分校则组建了华北、华东、西南等军政大学。

美国著名记者、作家埃德加·斯诺在《西行漫记》中写道："这个大学，大约是世界上唯一的，我看不为言过其实。"事实确实如此，抗大在缺吃、少穿，没有住房，又有敌人封锁、围剿，经常打仗，随时转移，流动性非常大的情况下，为我党培养了那么多德才兼备的军政骨干。他们遍布全国各个角落。不仅八路军、新四军中有抗大学员，所有根据地，一切革命烈火燃烧的地方，都有抗大学员的足迹。可以说，抗大的革命"火种"撒遍了全中国。

抗大胸章

　　中国人民抗日军政大学在中国历史上的地位是无法取代的，它的历史功绩将永垂史册，并以抗大精神感召着我们在新的历史时期继续奋斗。抗大为伟大的抗日战争培养了大批优秀的军政干部。由于坚持对学员进行科学理论武装，学员通过学习再奔赴或者返回工作岗位时，就能自觉地将马克思主义理论与中国实际结合起来，能正确分析革命形势，准确把握革命规律，善于发动和武装群众，从而保证了抗战的胜利。许多人还成长为解放战争和新中国成立后党和军队的高级将领。

　　抗大之所以能够克服难以想象的各种困难，在保证军事活动的前提下出色完成教育任务，是与其鲜明的教育特色密切相关的。抗大坚持以"坚定正确的政治方向，艰苦朴素的工作作风，灵活机动的战略战术"为教育方针，以"理论联系实际、教育与生产劳动相结合"为教育原则，灵活机动地采用了"启发式、研究式、实践式"的教学方法。这一整套教育教学理念不仅在革命战争年代发挥了巨大的功效，而且对于当前社会教育事业也有重要的启示作用。

第六章　陕甘宁边区政府旧址

第一节　遗址概览

陕甘宁边区是 1937 年中华民国政府设立的一个行政区域，包括陕西北部、甘肃东部和宁夏的部分区域。抗日战争时期，它是国民政府行政院的直辖行政区，是中国共产党的抗日民主根据地。解放战争开始后，它被蒋介石政府宣布为非法叛乱区域。政府驻地位于延安，其范围东靠黄河，北起长城，西接六盘山脉，南临泾水，南北长近 500 公里，东西宽约 400 公里。辖有延安、绥德、三边、关中和陇东五个分区，二十余个县，面积近 13 万平方公里，人口大约为 200 万。

1937 年 9 月 6 日，根据国共两党关于国共合作的协议，中国共产党将陕甘苏区改名为陕甘宁边区，并成立了边区政府，林伯渠任主席，张国焘任副主席（后由高自立接任副主席、代主席，兼党团书记）。

1937 年 10 月 12 日，根据国民政府行政院第 333 次会议，规划陕西省之肤施（今延安宝塔区）、安塞、保安、安定、延长、延川、旬邑、淳化、定边、靖边、甘泉、富县、米脂、绥德、佳县、清涧、吴堡，甘肃省之庆阳、合水、环县、镇原、宁县、正宁等二十三县，以及宁夏省之花马池（今盐池县）及神（木）府（谷）区、关中区部分地区，归陕甘宁边区政府直接管辖，抗战期间，成为八路军的募补区。

抗日战争时期的陕甘宁边区政府大礼堂外景

陕甘宁边区政府大礼堂

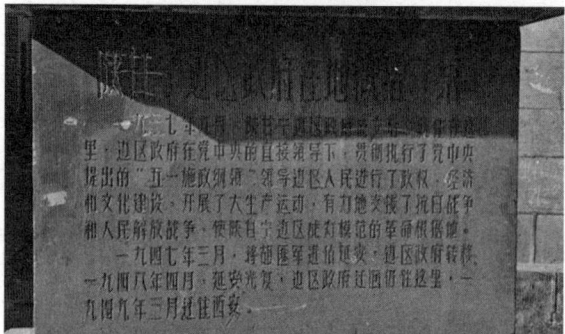

陕甘宁边区政府驻地概况介绍石碑

第二节　抗战追忆

一、制定实施《陕甘宁边区施政纲领》

任何政府都要有施政方略。施政方略是任何政府推进社会治理的重要宣言书。中国共产党建立的陕甘宁苏区是陕甘宁边区的源头。卢沟桥事变后抗日战争全面爆发，为了适应建立抗日民族统一战线的需要，中共中央在致国民党五届三中全会电中表示，愿意将苏维埃政府改名为中华民国特区政府，随后进行了更名改制工作，陕甘宁苏区更名为陕甘宁特区政府，苏维埃制改为民主共和制。1937 年 8 月，洛川会议制定的《中国共产党抗日救国十大纲领》主张边区既要成为抗战的堡垒，也要成为民主的

陕甘宁边区政府印章

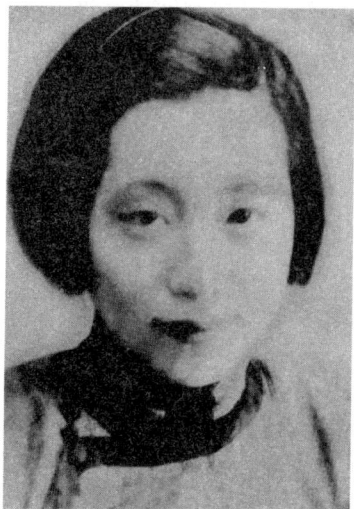

模范。这是我党历史上第一次提出建立廉洁政府的施政纲领，对于我党的廉洁政治建设具有重要的意义。

1939 年年初，中国共产党领导的陕甘宁边区第一届参议会制定了《陕甘宁边区抗战时期施政纲领》，4 月 4 日正式对外发布。这一施政纲领以"三民主义"为指导制定了一系列政策，主要涉及：呼吁团结和动员全国人民，坚持抗日民族统一战线；确立民族平等的基本原则；主张实行民主政治，完善选举制度，实

妇女参政：朱桂芳任邮电检查所所长

陕甘宁边区施政纲领

行真正的民主选举；保护财产所有者的应有利益，维护人民群众土地权益，规范各类借贷行为。《陕甘宁边区抗战时期施政纲领》高举抗日民族统一战线的旗帜，在全国起了重要的示范作用，对于唤醒人民群众和进步党派的政治意识，维护人民群众的基本经济权益，团结地主等阶级抗日具有重要意义。

　　1941年，中国共产党制定了《陕甘宁边区施政纲领》，也被称为《五一施政纲领》，其内容主要有：坚持以孙中山先生三民主义为指导，遵循孙中山总理遗嘱，坚持抗日民族统一战线，坚持增加人民群众的物质福利；团结一切力量坚持抗战到底；反对各种各样的卖国行为、投敌行为；实行军民结合，加强民众武装；优待抗日战士的家属，解除后顾之忧；实行"三三制"，加强同党外人士的团结；保证人民的各项自由权利；完善司法制度，改变司法方式；反对贪腐行为，建设廉洁政治；对农民和地主的土地利益给予照顾；发展经济，包括工业、农业、手工业、商业；完善税收，整顿劳资关系；发展科技教育卫生事业；坚持民族平等，

陕甘宁边区政府发行的公债券

陕甘宁边区政府发行的粮券和流通券

反对民族歧视；加强社会管理；发展同国外的正常关系等。

《陕甘宁边区施政纲领》调动了工人阶级、农民阶级、资产阶级、小资产阶级的积极性，内容涉及经济建设、政治建设、文化建设、社会建设、党的建设以及对外交流等诸方面，包含了民主思想、人权思想、平等思想，坚持了中国共产党的抗日民族统一战线方针，体现了中国共产党新民主主义的重要思想，体现了中国共产党关心民生的人文情怀。

二、制定实施《陕甘宁边区简政实施纲要》

陕甘宁边区是在抗日战争时期最先实行精兵简政政策的革命根据地。精兵简政政策的提出和实行基于深刻的、复杂的社会历史环境——既有着日本侵略者在抗战相持阶段集中围困中国共产党领导的敌后抗日根据地的外部严峻形势，又有着中国国民党消极抗日、积极反共的严峻抗战环境，还有中国共产党和人民军队自身生存与发展的原因，可以说是在中国抗战最为艰苦的时期实行的具有历史性意义的政策。由于日本侵略者的疯狂进攻和国民党的包围封锁，加之各种水

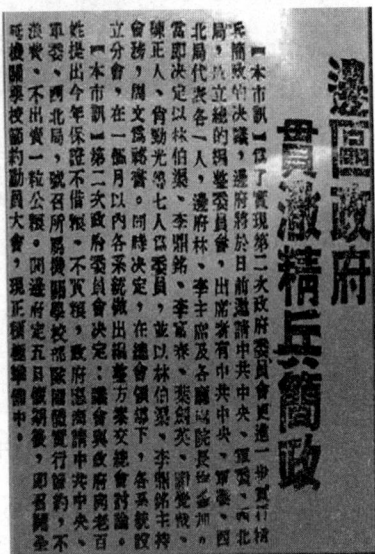

报纸报道的陕甘宁边区精兵简政政策

灾、旱灾、虫灾等自然灾害和交通不便、地广人稀、土地贫瘠、生产有限，中国共产党领导的抗日根据地面临着粮食、油盐、被服、经费等严重不足的多重危机。

1941 年 11 月在延安召开的陕甘宁边区第二届参议会第一次会议，通过了一批重要文件，这其中包括《五一施政纲领》。与会人员遵循"三三制"选举了边区政府和参议会组成人员，并围绕抗战救国、根据地建设提出了很多提案。其中，精兵简政就是时任边区政府副主席、参议员、无党派人士的李鼎铭提出来的。1942 年 12 月，毛泽东说："1939 年国民党颁布《防制异党活动办法》，国共间的关系不如从前了。边区的机关学校也增多，虽有外来的一点经费补助，已经分配不过来，我们处在财政供给问题的严重威胁下。由于这个原因，迫使我们不得不想到全体动员从事经济自给的运动。那时，我们在干部动员大会上曾经这样提出问题：饿死呢？解散呢？还是自己动手呢？饿死是没有一个人赞成的，

解散也是没有一个人赞成的，还是自己动手吧——这就是我们的回答。"①

切实爱护和节省人力、物力、财力，是巩固抗日民主根据地的重要政策。为了减轻人民的负担，党外人士李鼎铭等于1941年11月首先提出精兵简政的意见，改善经济、量入为出、精兵主义、简政主义、厉行节约、提倡廉洁。中共中央立即接受，于12月发出精兵简政的指示。在精兵方面，要求缩编主力部队及其指挥机关，充实连队，加强地方武装和发展民兵，加强整训，提高战斗力。在简政方面，要求切实整顿各级政权组织，紧缩机构和人员编制，加强基层，提高效能，节约人力物力，反对官僚主义。指示还具体规定各根据地脱离生产的人员只能占总人口的3%，其中军队系统人员占2%，党政民系统人员占1%。中共中央要求各级领导干部必须下到基层，了解情况，总结经验，严惩党政军系统内贪污、敲诈民财的败类。实行精兵简政，减轻了人民的负担，解决了机构庞大和受到战争破坏的社会经济缺乏足够承受力之间的矛盾。同时，以精简的干部加强基层，进一步密切了党同人民群众的联系，并为培养干部、积蓄力量提供了条件。

总之，陕甘宁边区的精兵简政工作，对于经济恢复和发展，提高工作效能，改进干部作风，反对官僚主义，均具有重要的意义。

---

①毛泽东：《毛泽东文集》（第二卷），北京：人民出版社，1993年版，第460页。

第七章　黄河渡口

第一节　遗址概览

为纪念八路军东渡，在八路军东渡遗址旁建有八路军东渡黄河出师抗日纪念碑一座。全碑由三片高大、雄浑的竖向碑体和八个船形基座组成，碑体下方的曲面党徽，将三个主碑紧密联系在一起。三个主碑寓意当年东渡黄河的八路军三个主力师，碑体下方的曲面党徽寓意由党统一领导

八路军东渡黄河出师抗日纪念碑

八路军三个主力师是取得胜利的保证，八个基座寓意扬帆东渡的八路军所进行的极其艰辛的八年抗战。

陕西的黄河渡口很多，包括芝川渡、龙门渡、夏阳渡、大庆关渡、风陵渡等。其中，芝川渡是八路军东渡黄河抗日的主要渡口。

芝川渡又名少梁渡，位于韩城市南十公里旧芝川镇东，与山西省万荣县东西相望，是晋、陕两省水上交通要道，曾出现过载重约十五吨的木船横渡。1937年8月底至10月7日，国民革命军第八路军总指挥朱德，率八路军一一五师、一二〇师、一二九师从此东渡黄河，开赴抗日前线。为了纪念这一具有重大历史意义的壮举，1995年年初，全国少年先锋队开展节省零花钱捐建八路军东渡黄河出师抗日纪念碑活动，纪念碑于1995年9月6日在芝川镇当年黄河渡口的凤凰台上建成。现因河道泥沙淤积、河床增高，此渡渐废。

众所周知，黄河河防有几百里长，选择芝川作为渡河点是有客观原因的。当时黄河河面宽阔，水流湍急，宛如天堑，不仅阻挡了日军攻入陕西，我军战士要东渡也非易事。相比之下，芝川渡口最适宜过河。即便如此，当时的芝川渡口河面也有十多里宽，而且河水深浅不一，既有浅滩，又有旋涡，加之河水暴涨，水急浪高，行船十分困难。当年为八路军战士掌舵的船工曾经详细地回忆东渡的情景，被韩城市的文史工作者们记录了下来："为了保证抗日将士的安全，舵手们稳掌舵，抛锚工严阵以待，艄公站在船楼上细观水情，详查风浪，不时发出'左舵''右舵'的水令。在船工们的共同努力下，闯过了一个个险滩，战胜一次次恶浪，安全地把八路军指战员送往东岸。"[1]

当时的登陆渡口选在庙前渡口。八路军三大主力之所以做如此选择，主要有两大原因。一是全面抗战爆发后，我党与阎锡山部建立了统一战线，而且荣河县有良好的群众基础，更重要的，这里是晋南大粮仓，为八路军东渡山西、北上抗日打开了通道。二是庙前渡口与隔河相望的陕西芝川渡口之间的河道宽阔，水流相对平缓，地势较为平坦，有利于大部队顺利登岸。

---

[1]任娇:《八路军从芝川渡黄河击败日军王牌部队》,《华商报》,2015年6月5日A5版。

庙前渡口

第二节　抗战追忆

1937 年 8 月洛川会议后，中国共产党将中国工农红军主力改编为国民革命军第八路军。同年 8 月底至 10 月初，在朱德、彭德怀、叶剑英、左权、任弼时、邓小平等同志的直接指挥下，八路军三大主力分两批从陕西韩城芝川渡口登船，东渡黄河，在庙前渡口进入山西，奔赴华北前线，分赴各地展开敌后抗战，抗击日本侵略者。一一五师抵达繁峙、灵丘一带，一二〇师抵达宁武、神池一带，一二九师经太原抵达晋东地区。从此，我党在山西创建根据地，开展游击战，掀开了抗战新篇章。特别是一一五师，在平型关设下埋伏，一举击败日军的王牌部队板垣师团，从而打破了日军不可战胜的神话。

为了切实做好国共两党合作，实现共同抗日，支援八路军顺利东渡，解决好东渡中的实际问题，东渡前夕，中共陕西省委特派员赵伯平等向韩城县委通报大军东渡情况，要求县委配合做好迎接和支援工作。据韩城地方志记载，与此同时，国民党陕西省政府令地方政府负责八路军渡河各项事宜。中共韩城县委配合国民党县政府按期筹集了一百多只大大

八路军东渡黄河场景

小小的木船，并派共产党员、水手徐岱云负责调动船工工作。部队到来前，船只已集结完毕，随时准备出发。

　　1937年8月下旬，一一五师从三原县出发，8月30日在韩城宿营一晚，8月31日从芝川镇东渡，首开八路军抗日先河。9月5日，八路军总部由朱德率领，从三原县云阳镇出发，于9月14日到达韩城。沿途各村贴满了欢迎八路军的标语，"欢迎救国救民的红军！""欢迎抗日红军！""红军是抗日先锋队！""红军是人民的军队！"（当时群众还不知道红军改为八路军）9月6日，一二〇师从富平县庄里镇出发，沿途受到人民群众的热烈欢迎，9月8日到达韩城，韩城县委、县政府沿公路各村镇搭牌楼、写标语，各小学教师、学生以及村民夹道欢迎八路军。八路军进入韩城后，总部驻在芝川镇同春园商号的楼上，总部成员有任弼时、左权、邓小平、黄克诚、傅钟、陆定一、刘晓等。部队分别驻扎在三甲村、大朋村、马陵庄、范家庄、城南村、城北村及合阳县的临河村、同蹄村、王家洼一带村庄和川道的芝川镇、吕庄、北香村、东少梁、西少梁等十八个村镇。一二〇师于11日顺利渡过黄河。10月初，一二九师从富平县庄里镇出发，进入韩城，因国民党反动分子破坏，致使渡河受阻。后经部队领导刘伯承、陈赓及省委和县委同志的共同努力，几日后，一二九师顺利渡过黄河。

　　渡河时值阴雨连绵的秋季，一向平静的河面巨浪翻滚。艄公们站在船尾目视前方，双手紧握方向舵，一声吆喝，两边船工众声接应，随着指令奋力摇桨。虽然河面只有十里宽，但船是从西北朝东南斜行，风吹雨打浪阻，一次渡河往往需要两三个小时。渡河的四十多天里，船工们在八路军抗日激情的鼓舞下，起早贪黑，换班吃饭，人停船不停，确保了八路军安全、有序、按时地渡过黄河。

八路军将领东渡黄河

　　虽然八路军在韩城只停留了很短的时间，但八路军在各村镇驻防时非常体恤群众，常帮助群众担水、扫院，同时宣传抗日救国，教唱抗战救国歌曲。当地群众主动给军队送粮送草、做鞋袜、运送渡河用的木板。军队纪律严明，群众送的红枣，军队坚持付钱再吃，损坏东西照价赔偿。其中，一二九师的一支部队，在到达芝川准备渡河时，天气已经变冷，为了不骚扰群众，战士们都身披麻袋，在街道和屋檐下宿营，等到第二天才住进群众家里。所以，群众处处称赞："八路军是救国救民的军队。"

　　9月15日，朱德率领八路军总部人员冒雨渡河，任弼时、邓小平、左权等同在一条船上。听说八路军最大的官要过黄河，有群众跑到河边看热闹，却一直没见到，后来一打听，才知道戴斗笠、打裹脚、穿麻鞋的朱总司令和其他首长，早就随队伍过来了。他们没想到八路军大官和士兵没有一点儿区别，根本就看不出来他们是首长。

东渡黄河的四十余天里，军民情深的故事数不胜数。有一个叫贾存宝的艄公，有一次在运送八路军渡河后，一位战士把随身携带的一把刻着"胜利红旗插遍全国，和平之声弥闻欧亚"的竹笛送给了他。至今，这把竹笛还保存在贾存宝的孙子贾智业家里，而且竹笛上面的字迹仍清晰可见。

八路军的纪律严明、秋毫无犯、官兵一致、爱民亲民等给当地群众留下了深刻印象，不少热血青年纷纷跟随部队参军抗日。据万荣县党史记载，贺龙率领的一二〇师离开万荣县时，就增兵近千人。

9月25日，八路军一一五师取得了平型关大捷，极大地鼓舞了正在登陆的后续部队。

八路军东渡黄河开赴山西

如今，战事已平息，往事如云烟。几千年的古黄河依然焕发出勃勃生机，夕阳映照在宽阔的河面上，曾经浑浊的黄河水清澈了许多。河面上有许多鸟儿盘旋、嬉戏，岸边三三两两的村民悠闲地钓着鱼，一群老人围坐在树荫下闲谝，一派安乐祥和，让人倍感今日的和平之弥足珍贵。

第八章　第二战区司令长官部秋林旧址

第一节　遗址概览

　　第二战区司令长官部秋林旧址，位于宜川县县城以东十五公里处，距离黄河壶口瀑布三十公里。2014 年，秋林第二战区司令长官部纪念馆成立。

第二战区司令长官部门牌

第二战区司令长官部秋林旧址石碑

纪念馆的主体是一排十三孔中间连通的窑洞，既有晋西民居风格，又有陕北窑洞的特色，这里就是当年抗日战争时期第二战区司令长官部八大处所在地。司令长官部是一座工字形的建筑，建于1938年，共由二十七孔窑洞组成，中间十三孔，东西两头各七孔。

十三孔中间连通的窑洞

在旧址院内墙上可以看到一幅巨型的漫画，漫画中紧握的两个拳头寓意国民党和共产党决心一起打击日本侵略者，标语"团结抗战到底"摘自阎锡山的日记"精诚团结，坚持进步，抗日到底"。漫画表明了全国人民团结一致、坚持抗战的决心。

该纪念馆储藏了大量国共抗战时期的珍贵资料及图集，向世人再现了七十八年前，八路军和阎锡山部队，并肩镇守黄河西岸，依托峡谷天堑，构筑河防工程，终于打碎了日本侵略军企图侵占陕北、关中乃至整个大西北的黄粱美梦这段历史。

第二战区司令长官部秋林旧址

第二节　抗战追忆

1937 年七七事变后，日军把侵略的魔爪伸向山西。国民党军队在太原会战、忻口会战失败后，山西成为日军的囊中之物。阎锡山作为第二战区司令长官移师陕西前沿继续坚持抗战。

1938 年 3 月 19 日，日军入侵吉县，第二战区司令长官阎锡山西渡黄河到达陕西宜川。3 月 21 日，阎锡山率部到达宜川县桑柏村，把第二战区司令长官部和党政军学系统都设在秋林镇。

1938 年 12 月，阎锡山命令第二战区司令长官部、山西省政府机关人员西渡黄河转移到秋林镇。这一战略转移方案获得了蒋介石的首肯和嘉奖。

1939 年 1 月 29 日，阎锡山一行抵达秋林镇。山西省政府机关多个部门，诸如财政、教育、医院、建设、印刷、火柴、造纸、印钞等均设在秋林镇，秋林镇一时成为政治经济文化的中心，被誉为"小太原"。

抗日战争相持阶段，为落实国民党中央五届五中全会精神，1939 年

3月25日至4月22日，阎锡山在秋林镇召开第二战区军政民高级干部会议，史称秋林会议。与此同时，阎锡山开始分批轮训干部。

1939年12月，山西旧军与新军发生军事冲突，史称"晋西事变"。事发后，中共中央立即委派八路军副总司令彭德怀赴秋林会见阎锡山，磋商调停事宜。1940年2月25日，八路军副参谋长王若飞、留守处主任肖劲光赴秋林与阎锡山谈判，达成了旧军与新军驻防等一揽子协议，从而恢复和保持了我党与阎部在第二战区的统一战线关系。

1940年5月25日，尽管阎锡山辗转抵达山西吉县，但第二战区主要单位仍以秋林为中心驻扎在黄河西岸。

1945年8月15日，日本天皇宣布无条件投降。到1945年11月底，第二战区各机关单位基本撤出宜川。

第二战区司令长官部秋林旧址陈列馆内景

第二战区司令长官部秋林旧址陈列馆刀具陈列柜

第二战区司令长官部旧址

第九章　西安大华纱厂旧址

第一节　遗址概览

西安大华纱厂在中国近代工业史上占有重要地位，是西北地区最早、最大的机器纺织企业，是坚持实业救国的先进典型。石家庄大兴纺织厂

西安大华纱厂旧址大门

是大华纱厂的投资方，最初的名称为大兴二厂。其在建设之初，受到了时任陕西省主席的邵力子和西安绥靖公署主任杨虎城的支持。

1936 年，武汉裕华纺织股份有限公司向大华纱厂投资一百万元。凭借先进的国外进口设备，大华纱厂占据了技术优势，更名为"长安大（兴）华（裕）纺织厂"。后来在融资的基础上，工厂再度改名为长安大华纱厂。

1936 年 3 月，大兴二厂建成投入生产，引进的设备全是国际一流的，其中有瑞士、日本的纱机，日本阪本式自动布机，威斯廷索斯的发电机等，这些先进的机器设备成就了西北第一个近代化的纺织企业的美名。

20 世纪 40 年代，大华纱厂曾遭日寇飞机轰炸。

如今，走进大华纱厂遗址，首先映入眼帘的是铁质的大门，斑驳的锈迹似在诉说时光的流逝和物是人非。

同时，传达室里的破旧黑板和桌椅板凳，静静的厂房，矗立的树木，依稀可见的大华纱厂字迹，不同时期的宣传画，厂房里废弃的设备，静静的生产车间，仿佛在诉说大华纱厂当年的历史。

大华纱厂当时的生产车间一景

1936 年长安大华纱厂门牌

大华纱厂传达室一角

大华纱厂铁质大门

大华纱厂厂房院落一角

"大华纱厂"字迹依稀可见

大华纱厂宣传壁画

大华纱厂院落一角

大华纱厂生产车间外景

大华纱厂生产车间内景

大华纱厂厂房

大华纱厂生产车间外景

第二节　抗战追忆

一、陕西工人抗日救亡运动日益高涨

卢沟桥、华北以及华东事变以后，山东、山西的兵工厂以及石家庄的纱厂等大批迁移到西安，使西安工人数量大幅度增加。同时，沦陷区大批难民的拥入，使西安的廉价劳动力骤增。资本家为了转移战争负担，大批量地雇用工人，并对工人实行残酷的压榨和剥削。工人每天工作十二至十六个小时，连星期天也不能休息。纱厂女工、童工每天工作十二个小时，只能领到大洋二分。有的则按件付酬，织一匹布，工资仅三分洋，即使是熟练技工拼命干一天，也只能勉强织出一匹布。另外，工厂实行军事化管理，用军警来监视工人，辱骂、拷打、开除、逮捕工人，是经常发生的事情。沉重的压迫剥削，增强了工人的反抗心理，也提升了他们的觉悟，使工人的抗日救亡热情逐渐高涨。

1937 年 9 月 27 日，中共西安市工委在《关于职工工作报告》中强调："为了迅速地推动当地广大的工人群众参加各种抗战的团体，我们预先决定把工人数量较多的及工人抗日情绪较高一点的几个工厂，作为我们活动的主要方向。"中共西安市工委对西安地区的工人运动经过具体考察和研究后决定，首先在大华纱厂、汽车修理厂、机器局和铁路系统、印刷业、洋车夫中发展党的组织，建立党支部，领导职工开展抗日救亡运动。这一时期建立的基层支部有：西安红十字医院支部，书记魏辛涛；陕西省邮政管理局党小组，组长吕应熊；西安机器局支部、西北文化日报社支部，书记陈翰伯；陇海铁路特别（健波）支部，书记秦叙亭。

1938 年 2 月 16 日，西安市工委在关于西安工人组织工作状况的报告中说，工人中已建立党支部的单位有文化日报社、机器局、修械所，共有党员十九人。其中，文化日报社五名，机器局六名，修械所四名，陇海铁路两名，失业人员两名。报告指出："要加紧支部在工人中的活动，在这一基础上发展党的组织。目前要运用合法的方式加紧活动，成立后援会，拿群众救亡来团结广大的工人群众，并建立党在工人群众中的信仰。"共产党员张华莘在东羊市第四中心民众学校任专职教员期间，举办了一期洋车工人训练班。工人白天拉车谋生，晚上来校学习。他一边教四十多位洋车工人学习文化，进行抗日宣传，一边和工人拉家常、交朋友，有意识、有目的地启发他们的思想，仅半年时间，就在这些工人中发展了三名共产党员。据市工委统计，全市各工厂党员增加了六十人，现有的八十名党员分布在二十一个单位。

由于市工委制定了正确的职工运动方针，也采取了强有力的领导措施，西安工人运动出现了新的局面，各行各业的抗敌后援会纷纷成立。1937 年 9 月，陕西邮务工会抗敌后援会成立。10 月 12 日，西安人力车工人抗敌后援会筹委会成立，推举梁宝义、王显林等为执委，并于 15 日在省民众教育馆召开了成立大会。10 月 14 日，西安戏剧业抗敌后援会支会召开支委会，委托郭子声、贺经五、丁培云等购买了一批慰问物品，交由省抗敌后援会转送抗日前线。10 月 30 日，陇海铁路抗敌后援会长安分会在西安扶轮小学举行成立大会，推选了常务委员和各股主任，并在火车站对外办公。12 月 12 日，陕西邮务工会抗敌后援支会在马坊门民光戏剧院连续三天举行抗日义演，所得票款全部用于慰劳抗日将士。12 月 15 日，邮务工会抗敌后援支会组织职工进行游击战术训练，聘请王明德为军事指导，有五十多人参加。这些以工人为主体的抗敌后援会组织，在国共合作的形势下，名义上是国民党的官方组织，实为共产党所领导。

中共西安市工委通过这些合法的组织进行抗日募捐，开展抗日宣传，扩大了党在工人中的影响，推动了工人群众抗日救亡运动的发展。正如1938 年 3 月 27 日中共陕西省委在关于西安工人工作的指示中指出的那样："党在产业中的堡垒，是党的无产阶级的堡垒。我们假如不能建筑专业的堡垒，党便不能在彻底的斗争中取得胜利……只有从组织中和斗争中才能教育工人信任党，认识党的口号之正确。"①

二、大华纱厂工人的抗日救亡运动

1938年春，中共西安市工委委派委员王若望到大华纱厂，让其在工人中发展党员，建立党的组织。王若望利用工人上下班在厂外吃饭的时间和他们聊天，以挑着筐子到工人宿舍收破烂为名给他们送去宣传抗日的进步书刊，用多种形式启发工人觉悟，从而结交了一些工人朋友，并在他们中间先后发展张荣、张志学等人为党员。不久，张荣、张志学在织布车间建立了党小组和读书会。4月，大华纱厂党支部成立，张志学任支部书记。5月，细纱车间党小组成立，白桂荣任组长。6月至7月，筒子车间、机修车间的党支部相继建立。这样，大华纱厂党的基层组织基本上建立起来了。

大华纱厂党支部建立后，在市工委的领导下团结和依靠工人群众，维护工人的切身利益，积极推动工人的抗日救亡运动。他们以宿舍为单位成立读书会，组织工人开展读书活动；创办了名为"努力三日刊"的墙报，进行抗日宣传；还成立了歌咏队，由党员白桂荣负责，吸收各车间的积极分子参加，经常为本厂工人和周围群众演唱抗日救亡歌曲《松花江上》《义勇军进行曲》等，有时还到医院为抗战伤员进行慰问演出。

1938年年初，日军飞机轰炸西安，大华纱厂资本家不惜代价，通过意大利驻华使馆办理了战时保险，即给工厂的房顶上涂上意大利国旗图案，使工人"保险不被轰炸"。因此，每遇日军飞机空袭，资本家不准工人出厂。后来战时保险过期，资本家还坚持不准工人出厂。

1939年10月11日，二十多架日军飞机轰炸西安，向大华纱厂投下炸弹、燃烧弹数十枚。因资本家紧锁工厂大门，工人无法疏散，不但部分厂房、机器被炸毁，还造成了炸死炸伤三四十名工人的惨案。同时，工厂因厂房、机器被毁而停产，大批工人流落街头，无家可归。资本家不但不对死者进行抚恤、伤者进行救治、失业者进行救济，反而贴出启事，

---

① 中共西安市委党校党史研究室：《中国共产党西安历史》（第一卷），北京：中共党史出版社，2005年版，第204-206页。

只发给每个工人一个月的工资作为"遣散费"，要把工厂迁往四川广元。事发当日，西安市工委按照省委指示连夜召开紧急会议，认为该厂只有两个车间损坏较为严重，完全可以抢修复工，资本家借机迁厂是个阴谋，是为了厂方的利益而不管工人的死活。同时，大华纱厂还承担着抗战物资的生产任务，如果此时迁厂，不但影响抗战物资的供应，而且还会使西安的一些小型织布厂、被服厂因无原料来源而造成更多工人失业。因此，会议决定，以"继续生产、支援前线"为口号，发动工人进行复工斗争。

工委和工厂党支部发动党员和积极分子，通过厂内的同乡会、姐妹会、秦腔俱乐部等各种团体串联工人，把他们组织起来，推选出了十多名工人代表组成复工斗争的领导机构。工委和工厂党支部与工人代表共同起草呼吁书，印发各工厂和各界人士，争取社会的同情和支持。此外，工委还组织工人向国民党行营，国民党省、市党部和省总工会请愿，以合法的斗争形式开展斗争。西安的各大报刊也为大华纱厂工人的复工斗争呐喊助威。在工人的坚决斗争和社会舆论的压力之下，资本家被迫同意和工人代表谈判，并在国民党西安当局的干预下达成协议：1.厂方即日召集所有工人回厂，并负责解决食宿。2.推举国民党西京市党部书记、省政府代表、市工会代表督促大华纱厂尽快复工。3.呈请行营战区司令部，勒令大华纱厂早日复工，以应战时需要。协议达成后，工人奋战了两个多月，修复了厂房，安装了部分机器，工厂重新开工，生产逐渐恢复，工人生活有了保障，死难者家属也得到了部分丧葬费和抚恤费。

在这次事故后的一次日军飞机空袭中，为了保护工人的生命安全，大华纱厂的党组织发动工人群众推倒围墙，冲出工厂并安全地进入防空洞躲避。从此，资本家慑于工人团结的力量，每当日军飞机空袭时，便打开厂门让工人"跑警报"。这两次斗争，表明工人阶级在共产党领导下已经团结起来了，工人斗争的勇气和他们对胜利的信心都增加了许多。

1939年年底，为贯彻执行党的"隐蔽精干"政策和缩小党的组织的指示精神，大华纱厂阎伍清等五名党员在工委的安排下进入陕甘宁边区。到1940年年底，大华纱厂只保留了一个党小组。1941年，大华纱厂成立了大华纺织专科学校，校址即设在厂区内，由时任纱厂理事长的石凤翔担任校长。该校是陕西近代教育史上第一所纺织工业专科学校，为陕西、西北地区乃至全国输送了大批纺织工业专门人才。1941年年底，党员张荣和党小组组长智忠民先后被捕，大华纱厂的党组织和党员完全进入了"隐蔽"时期。[1] 1942年至1948年，由于战争的破坏，虽然大华纺织厂的生产时断时续，但厂内职工积极参加革命，成立党小组，成立地下组织和纠察队，保护厂区，保护厂内职工的生命安全。

大华纱厂作为中国民族资本家实业救国梦的重要实践，反映了中国仁人志士的艰苦探索。同时，大华纱厂的抗日活动反映了中国工人的民族意识和斗争精神，充分说明中国人民是富有反抗意识的，中国人民是不可欺、不可辱的。

西安大华纱厂当年的生产现场

---

[1] 中共西安市委党校党史研究室：《中国共产党西安历史》（第一卷），北京：中共党史出版社，2005年版，第211-212页。

第十章　潼关抗战遗址

第一节　遗址概览

　　潼关是与山海关齐名的著名关隘，地势险要、易守难攻，是山西、陕西、河南的交通要道，是历代兵家必争之地。

今日潼关

抗日战争期间，日本侵略者觊觎潼关，对潼关开展了十多次的进攻，并妄图通过潼关进入陕西占领西安，为进军中国共产党的延安地区和国民党统治区创造条件，但始终未能如愿，始终没有突破黄河防线进入陕西。

潼关抗战碉堡见证了国民党军队黄河抗战的历史，目前仅剩下四处碉堡保存相对完好。在其中保存较为完整的碉堡上可见哨眼及机枪口，人在碉堡里通过哨眼，对黄河对岸可以说是一览无余；机枪口直接对着黄河对面的河岸，是打击日军进攻的有利位置。随着时光的飞逝，老粮站西城墙外、十里铺村四组东北农田中的两处碉堡已是破败不堪，秦东镇黄河风景区内老白家酒店停车场和潼关东山景区东北角的两处碉堡保存较好。

"从这些尚存的碉堡遗迹可以看到，当时用钢筋、石子混凝土建筑的坚固碉堡，是早有准备而建的，从设计到选址、建筑工艺，都让潼关河防坚不可破。当时，这些碉堡沿黄河南岸建立，每隔30—50米就有一座，火力覆盖了对岸日军的所有渡河范围，是防止日军渡河攻击的利器。这里易守难攻，敌军有任何举动都能看到。"[1]

潼关县仅存的四处碉堡之一

①任娇：《潼关抗战河防被美中将赞胜似"马奇诺防线"》，《华商报》，2015年6月4日。

潼关周边大致地形图

潼关古城东门遗址纪念碑

潼关古城东门遗址纪念碑

第二节　抗战追忆

一、外国记者镜头中的潼关抗战

1937 年 11 月，日本军国主义侵华的铁蹄踏向了风陵渡，日军企图攻占潼关，进而占陕西、犯西北。

能否守住潼关关乎陕西和整个西北的安全。事实证明，潼关成为日军无法逾越的关隘，成了日寇到此为止的雄关。

1941 年夏，《生活》杂志摄影师卡尔·迈登斯和他的妻子雪莱造访黄河前线，留下大量潼关抗战时期的珍贵照片。

潼关守军在备战

潼关守军在备战

二、潼关抗战追忆

潼关是抗战的战略要地，是日军轰炸重庆、西安、汉中等地的必经之路。

日本为了消灭中国，在东南发起淞沪会战的同时，日本军部下令华北日军向太原进犯。

1937年10月忻口会战打响，娘子关失守，正太线失守，阳泉、寿阳、榆次失守，太原危在旦夕。11月太原失守，山西抗战形势急转直下。日军在黄河风陵渡准备渡过黄河西进，潼关处在了日军炮火的瞄准之下。

1937年11月7日，潼关第一次遭到日军飞机的轰炸。从此以后，潼关就陷入了长达七年多的日军轰炸当中。

据经历过轰炸潼关的老人回忆，当时人民群众根本不知道敌机的轰炸是怎么回事，敌机"轰隆隆"地在天上由远及近，人们从屋里跑到大街上看热闹，很快敌机投下炸弹，大街随后哭声一片，民房被烧着，到处都是被炸死的群众。

敌机一天轰炸多次，死伤无法统计。他们不仅投炸弹，还投放化学武器，比如毒气弹。人们有的躲在窑洞、防空洞里躲过轰炸，但是有时候也于事无补，无法幸免于难。

最可恨的是汉奸在地面上给日本轰炸机发信号，祸害同胞。

后来，由于敌人的轰炸太频繁，人们也就习以为常了，不再东躲西藏，有的甚至捡拾炸弹碎片去卖钱。

八年抗战，潼关人口从1938年的6.08万人，到1941年减至4.59万人。受日军飞机轰炸的影响，大量民房被毁，工厂、店铺大批迁移，学校停课，人们东奔西走、流离失所，市面萧条，经济凋零。抗战期间，潼关有专门受过训练的防空警报员，设防空监视哨，击钟长短表示报警危急程度。潼关也设有高射炮，被击中的敌机不少，创造了击落敌机的奇迹。潼关的炮兵阵地也发挥着重要作用，对敌人的炮兵阵地形成了有力的打击。

潼关人民是抗日的斗士，他们从未停止过努力。当时有一首《保卫家乡》的歌曲，反映的就是潼关人民的真实心境和行动："快起来／莫慌张／鬼子已到咱陕西边上／看看这田地／看看这村庄／我们能扔掉哪样／（重复）我们的祖宗／他们艰难把业创／我们的子孙也要在这个地方／同胞们／摸胸膛／想一想／若逃亡不抵抗／对不起爹和娘／大家起来保卫家乡（重复）。"①

潼关人民心系祖国命运，声讨日军侵华暴行，声援东北人民抗日，在民众中宣传抗日，齐唱抗日歌曲，开展抗日演讲，上演抗日戏剧，召开抗日救国会等，极大地唤醒了民众的抗日热情和民族意识。不仅如此，潼关的许多民众还加入了修战壕、运输物资、抵制日货、捐款捐物等抗战救国的运动中。

潼关在中国军民的保卫下，成为抗战的前沿，成功阻击了日军对陕西、西北乃至于大后方的进攻，为抗战做出了重要贡献。

抗战胜利七十多年后的今天，潼关城一片繁华的景象。街道上人来人往、熙熙攘攘，战争的硝烟已经散去，"但潼关军民为抗战的付出，正如于右任先生写的'河声岳色无惊句，写出秦人血战功'诗句那样，历史不会忘记，后人也绝不会忘记"。

潼关，一夫当关万夫莫开之关隘，承载了太多的历史记忆与刀光剑影，记录着日本帝国主义侵华的累累罪行，记载着中国人民为了民族存亡和国家尊严而斗争的历史。

---

①雷县鸿：《保卫大潼关》，《西安晚报》，2005 年 6 月 29 日。

第十一章　安吴青年训练班旧址

第一节　遗址概览

安吴青年训练班，简称安吴青训班，是抗日战争初期中共中央青年工作委员会（初为中央青年部）为适应抗战形势、满足广大爱国青年抗日救国要求，由西北青年救国联合会（简称西北青救会）创办的一所战时青年干部学校，是延安泽东青年干部学校和中央团校的前身。旧址位于陕西省咸阳市泾阳县安吴镇安吴堡村。安吴堡村是位于泾阳县嵯峨山南麓的一个古老村庄。就是这个古堡，在抗日战争初期成了千万个爱国青年寻求抗日救国真理的聚集地，古堡内外，随处可见年轻人投身革命、学文习武的飒爽英姿。

安吴青训班旧址门前立有一块纪念碑，碑文以简明的文字介绍了青训班的历史。旧址保留至今的有吴氏庄园、迎祥宫、望月楼和吴氏陵园等八处独具特色的建筑物，其中既有革命文物，又有历史文物，堪称一方胜景。吴氏庄园是青训班的活动中心，据说该庄园是八国联军入侵时

安吴青训班旧址内景

慈禧逃至西安认吴家寡妇为干女儿的地方。吴氏居住的庭院是青训班班部所在地，也是学员们开会、上课、住宿的地方。庭院后面便是坐北向南的望月楼，望月楼为青训班秘书处驻地。当年冯文彬、胡乔木在此办公。从吴氏庭院东行约六十米，便到了迎祥宫。这座建筑始建于元代，清代重修，现仅存戏楼，这是当年青训班学员集会娱乐的场所。村东约一百米处有一片茂密的柏树林，即吴氏陵园。这里柏林葱翠，遮天蔽日，是青训班的露天课堂。其前部为青训班领导机关的办公场所，中部为会议室和联欢处，后部为青训班连队驻地。

安吴青训班旧址

1992 年 9 月，安吴青训班旧址被陕西省人民政府确定为重点文物保护单位。1994 年 8 月，被中共咸阳市委、市人民政府确定为市级中小学德育教育基地。1994 年 8 月，被中共陕西省委宣传部确定为省级爱国主义教育基地。2011 年 4 月，被中共陕西省委党史研究室确定为陕西省党史教育基地。近年来，它先后被创建为全国青少年教育基地、中央团校中国青年政治学院教学实践基地、延安干部管理学院教学实践基地、咸阳市共产党员先进性教育基地和咸阳市国防教育基地。

第二节　抗战追忆

一、美誉——"天下第一班"

1937 年 7 月 7 日，日本帝国主义发动了蓄谋已久的卢沟桥事变。延安是中国共产党领导敌后抗战的革命圣地，也是全国进步青年向往的地方。在中华民族面临生死存亡的关头，成千上万的全国各地青年，怀揣挽救国家与民族危亡和寻求革命真理的梦想，从国统区、沦陷区甚至海外千里迢迢奔赴圣地延安。据不完全统计，仅 1938 年通过八路军西安办事处到延安的革命青年就有一万余人。1937 年 9 月，西北青救会负责人冯文彬、胡乔木见各地的青年争往陕北，但因抗大与陕北公学容纳人数有限，以致大批青年流落在西安，认为有创办一个短期青年学校的必要，于是就开始考虑它的经费、名称、组织机构、教育内容、时间、地点等问题。1937 年 9 月下旬，中共中央青年部部长、西北青救会主任冯文彬受党中央派遣，来泾阳县云阳镇参加安置从国民党监狱获释同志的工作。事后，中共陕西省委贾拓夫等负责同志与冯文彬商定，拟对西安事变前后西安青年运动中涌现出来的大批积极分子进行战时军事和政治知识训练，以适应日益复杂的斗争形势。在时任中共陕西省委书记贾拓夫的支持下，冯文彬决定在西北再开设一个战时青年短期培训班的筹划准备工作不到两个月就完成了。从 1937 年 9 月下旬开始到 11 月 11 日，培训班第一期在三原县国民党元老于右任创办的斗口农场里正式开课。一个月后，培训班又从三原搬家到中共陕西省委机关所在的泾阳县，先是在云阳镇的一个城隍庙，一个月后又搬到云阳北边安吴堡的吴家大院内。培训班终于安定下来了，从此这个战时青年短期培训班也得名安吴青训班。

冯文彬
中共中央青年工作委员会书记、安吴青训班主任

1938 年 1 月，安吴青训班开始在安吴堡招生。以冯文彬、胡乔木名义发出了《战时青年短期训练班招生简章》，规定了宗旨、课程、编制、期限、年龄、待遇等。为了扩大影响，该简章刊登在邹韬奋主编的进步刊物《抗战》上。不是所有参加青训班的学员都得自费，对家境极端贫寒而坚决献身抗战的工作者，有救亡团体之保证可酌情减少学费。1 月 10 日，第四期开班。原定五百人的招生规模，扩大到一千余人，学员源于全国多个省份，还有部分南洋华侨和港澳同胞，学习时间为一个月。尽管第四期已经超额招生五百名，前往安吴青训班要求培训的人仍络绎不绝，青训班不得不在 1 月 16 日《救亡》周刊上刊登《紧急启事》："本班第四期自本月在泾阳县安吴堡开学以来，受训青年不日即达千人之谱，不独人力物力不敷供应，即宿舍课堂亦已万难设法，且本期课程只定一月，现上课两周，后来者势不能随班听讲，故决定自本日起无论西安、云阳，一概停止招生，凡有志受训者皆请于下期再行报名。"足见青训班在当时的火爆程度。

1939 年以后，国民党掀起反共高潮，青训班不得不中断其教学计划，做好迎接国民党突然袭击的准备。1939年7月，青训班根据毛泽东《反对投降提纲》的战略思想，将主力迁往华北，并入华北联大，留下少部分学员和工作人员坚持学习。1940年4月13日，青训班根据中共中央来电，由代理主任朱致平、生活指导处处长张午带领最后的三百余名学员及工作人员于5月初安全转移至延安，全体学员进入泽东青年干部学校继续学习。

别看这个青训班规模不大，但规格不小。除了冯文彬任主任、乐少华任大队长之外，朱德总司令担任名誉主任。直到1940年4月奉命撤离，青训班在安吴堡的两年半中经历了一系列重大事件，留下了许多值得纪念的事迹，因扬名国内外，而被誉为"天下第一班"。

二、信念——"学好本领上前线"

安吴青训班开办期间，毛泽东、朱德、周恩来、董必武、林伯渠等老一辈无产阶级革命家都给予了高度的评价和无尽的关怀。毛泽东亲笔题词勉励青训班学员积极参加革命斗争实践，在实践中锻炼才能，积累经验。1937年年底，毛泽东听取了关于青训班的早期工作汇报之后，指示青训班要扩大办，来者不拒。党中央还从干部力量和物资供给上给予了大力支持，中央组织部陆续从抗大、陕北公学、中央党校选派了一批经过长征的红军干部和具有一定文化、理论水平的党政干部作为骨干到青训班工作。这样，以训练西安青年运动骨干为主的战时青年短期训练班，发展为面向全国广大爱国青年的战时青年训练班，也成了革命青年投奔延安的红色桥梁。朱德于1938年8月亲临安吴堡视察，为全体学员做了《抗战形势》的报告，并挥毫题词"学好本领上前线"，以激励全体学员。林伯渠多次到安吴堡，并亲自为学员讲课。青训班第一期有学员一百五十余人。培训时间为半个月，主要讲授抗日民族统一战线知识、军事常识和开展群众工作的方法。第二期于11月在泾阳县云阳镇开学，有学员两百多人，学习时间为二十天。从第三期起，战时青年短训班即从训练陕西青年积极分子转向培训全国广大爱国青年。第三期有学员三百人，临结业时人数超过五百人。

毛泽东、朱德为安吴青训班题的词

青训班举办期间，班部领导根据学员来源广泛、成分复杂这一实际情况，先后制定了《中华青年救国联合会组织简章（草案）》《战时青年训练班规则概要》和《西北青年战地工作团团章》，对学员的学习、生活做出了严明的纪律规定。其中《战时青年训练班规则概要》分一般规则、课堂与会场规则、寝室规则、饭厅规则和会客规则等五项。寝室规则规定，闻号音立即起床，寝室内不准漱口洗脸，不得留住宾客等；会客规则中规定了会客的时间、地点，同时明确规定："如有违反上列规则者，得由连部及同学随时劝解并提出批评（使其）纠正之，若数次不改或所犯纪律特别严重时，可由学生会召集全连大会开展思想斗争而教育之，直到开除其学籍为止。"在《中华青年救国联合会组织简章（草案）》中进一步规定："对违反纪律者所采取办法主要是教育、说服，只有不得已时，才采取组织纪律的制裁。制裁办法分为：1. 劝告；2. 口头警告；3. 书面警告；4. 开除。"严明的纪律和规范的操作为青训班的顺利举办提供了强有力的保障。

从青训班走出的学员中，有高级将领范理、刘瑄，有新中国航空事业的开拓者刘鸿志、施家淦，有厅级以上领导干部陈子方、高沂、王博平，有著名化学家高鸿、著名作曲家葛炎、著名演员胡朋、著名画家石鲁等，他们都在不同的战线上取得了骄人的业绩。

三、担当——"青训班精神"

当时，青训班面临的困难是空前的。没有校舍，就借用当地的民房、庙宇开展教学工作；学员在宿舍只能打地铺，所以经常要忍受寒冷和酷热的煎熬，学习、生活条件都非常艰苦。由于没有现成的教室，许多时候只能露天上课，位于安吴堡东门外吴氏祖坟的柏树林是青训班的露天课堂。青训班教学所用的教材统一由教学人员自己编印，由于缺乏纸张，一些学员的习字教学只能借助民间古老的沙盘来完成。青训班举办期间，为了有效应对国民党当局对陕甘宁边区的经济封锁，学员响应中央号召，积极开展大生产运动，徒步至嵯峨山以北的关中分区淳耀县亮马台（今淳化县卜家乡亮马台村），开垦荒地八百亩，建成青年农场，种植粮食，以保障学员的生活需求。艰苦的生活环境和学习条件磨练了学员的意志，成为每一名青训班学员终身受益的精神财富。这些精神财富在抗战初期的《安吴青训班班歌》中得到了集中展现。这首歌的词作者是曾任安吴青训班副主任的胡乔木，谱曲的是著名音乐家冼星海。

烈火似的冤仇积在我们胸口，

同胞们的血泪在交流，

英雄的儿女在怒吼，

兄弟们（有），姐妹（有）

你听见没有？！

敌人在迫害你！

群众期待你！

祖国号召你！

战争需要你！

你醒，你起，

拿起你的武器，

学习工作，工作学习，

一切为胜利，

今天我们在青年的故乡，

明天我们在解放的疆场。

你看！我们的旗帜迎风扬！

你看！我们的前途万里长！

　　青训班精神的内涵集中体现为追求理想、追求光明的执着精神，抵御外侮、报效祖国的爱国精神，自力更生、艰苦奋斗的创业精神和勇往直前、不怕牺牲的奉献精神。这一切，都是激励学员们奋发有为、报效祖国的强大精神动力。

安吴青训班班歌

四、使命——"伟大的革命熔炉"

安吴青训班为了达到"在最短时间教青年各种最低限度的战时军事政治知识"的目的,本着努力阐扬革命的三民主义及抗日民族统一战线政策,以抗战的军事政治知识武装青年头脑、增加青年为国家为民族服务的技能,培养大批青年干部的教育思想,设置了革命理论、军事常识、群众工作方法等课程,推行战时教育。当时,除流亡学生外,慕名前来接受训练的还有从新加坡、马来西亚、菲律宾、泰国、印度尼西亚、缅甸等海外回来的侨胞及留学生,还有产业工、贫农、店东、小贩等。他们在极艰苦的环境中,学习知识,经受锻炼。从于右任先生的农场到云阳镇破庙再到最后落脚的安吴堡地主庭院,干部和学员都是席地而坐,铺草而卧,露天上课,吃的是大锅菜。然而,学员们却在温暖的革命大家庭里,尽情呼吸团结、民主的新鲜空气,一批又一批有理想、有纪律、有专长、能战斗的抗日战士在这所熔炉里锤炼成长。毛泽东制定的青训班"团结抗日、勤俭办学"的方针得到了国内外进步人士的赞扬。著名摄影记者赵定明、山西民族革命大学校长李公朴以及世界学联代表团都曾亲临安吴堡青训班进行考察。

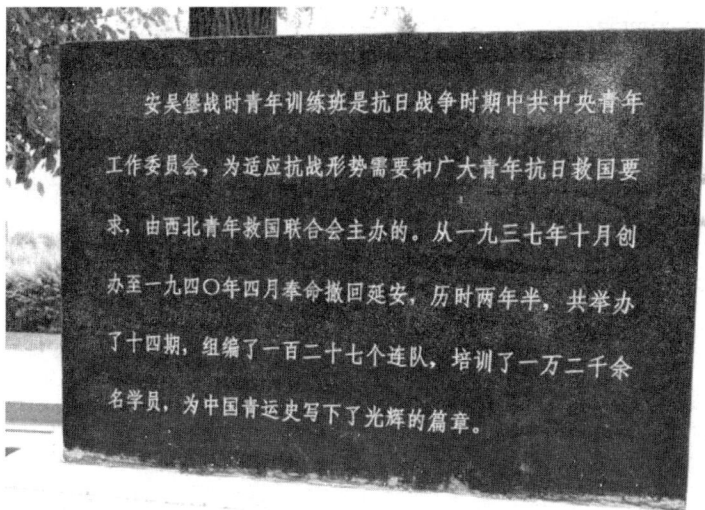

安吴青训班旧址前的简介

安吴青训班部分学员合影

安吴青训班是中国共产党和毛泽东所主张的抗日民族统一战线的产物。它既是一个培养抗战青年干部的民主教育机关，又是一个伟大的革命熔炉。它有其显著特点。首先，青训班不是一般的干部学校，而是在当时的历史条件下进行青年运动的一种重要形式。中央青委指示："通过青训班向全国撒种子，开展青年运动。"青训班的学员结业以后，会根据党的需要派往抗日前线、敌后根据地、国民党友军以及许多抗日民众团体中去开展青年工作。其次，青训班根据毛泽东"革命需要千百万知识分子才能得胜利"这一思想，按照党的抗日民族统一战线的政策，把成千上万的爱国青年引上了革命道路，为抗日救国培养了大批干部。再次，扩大了抗日宣传。青训班不光经常组织学员向附近群众宣传我党的抗日主张和政策，还利用军事野营向所到之处的国民党官兵宣传，并组织战地工作团到敌后去做抗日救亡工作。最后，青训班的干部以身作则，继承和发扬了我党艰苦奋斗的好传统，做到了官兵一致、上下一致，传播了中国共产党的优良作风。

从 1937 年 10 月至 1940 年 4 月，安吴青训班在两年半的时间里，成功举办各类培训班十四期，毕业学员一万两千余人，为抗日战争和解放战争培养和输送了一大批信念坚定、作风顽强、团结守纪的优秀青年干部，为中国革命的胜利提供了强有力的干部保证，被誉为"青年的故乡""抗日干部的摇篮"。同时，它也为抗日青年运动的蓬勃发展做出了卓著的贡献，是中国青年运动史上的一座丰碑。

第十二章 中共陕西省委旧址

第一节 遗址概览

　　中共陕西省委旧址位于咸阳市泾阳县云阳镇东街的城隍庙，由于年代久远，现已全部拆除。留传至今的资料仅为一张当年安吴青训班在城隍庙戏台上为当地群众演出时模糊不清的照片。这张照片为我们遥想当年中共陕西省委旧貌提供了依据。而今，旧址上已经建立起云阳粮站，

城隍庙戏楼旧照——中共陕西省委旧址

宽敞的大门，白墙红瓦，完全看不出当年中共陕西省委的影踪。

1927年5月14日，耿炳光被中共中央任命为中共陕西省委书记，20日，任命李子洲为省委组织部部长，黄平万为省委宣传部部长，李秉乾由莫斯科回国后参加省委工作。7月上旬，中共陕西省委终于在西安红埠街成立。但由于当时革命形势需要，成立省委是在秘密状态下进行的，机关设在红埠街九号，由中共中央直接领导，活动范围不仅包括陕西全省，还辐射到银川以南、兰州以东的地区。

1927年9月26日，中共陕西省委在西安召开了第一次扩大会议（又称为九二六会议）。这次会议因在陕西党的历史上意义重大而被载入史册，会议纠正了陕西党内右倾错误，在革命的关键时刻坚持了正确的方针政策，标志着陕西革命新时期的开始。

在九二六会议基础上，中共陕西省委在三个月的时间内相继召开了五次全体会议，着重贯彻中央文件精神，落实九二六会议决议执行情况。与此同时，中共陕西省委先后领导了清涧起义、渭华起义、旬邑、淳化起义及全省各地的武装起义和农民斗争。这是实行土地革命、武装反抗反动派总方针在陕西省的具体实践，不仅因此推动了陕西革命形势的迅速发展，也锻炼了刚成立的陕西省委，在理论与实践的双重考验中中共陕西省委日益发展起来。

中共陕西省委领导渭华起义等武装斗争失败，激起了国民党陕西当局的疯狂进攻，整个西安笼罩在白色恐怖当中，陕西省委也遭到了三次比较严重的破坏。1928年11月底，中共长安县委书记张鼎安及赴约参会的省委书记潘自力被国民党特务逮捕。1929年2月初，共青团陕西省委委员程士城、团省委书记马云藩被捕后相继叛变，使曹趾仁、李子洲等八名党、团省委核心成员被捕，党、团组织遭受严重破坏。幸存的党、团省委成员于3月1日在渭南召开了紧急联席会议，成立了党、团临时陕西省委，继续领导革命。1930年10月8日，共青团陕西省委书记薛永寿被捕，10日，党、团省委组织游行展开营救，但遭叛徒告密，吉国桢、贾拓夫等三十多名负责人被捕入狱。

1933 年 4 月 17 日，受中央"左"的思想影响，中共陕西省委积极组织开展游行示威活动，在四人被捕后仍组织活动。7 月下旬省委核心人物开会商议起义问题时被特务发觉，中共陕西省委书记袁岳栋、红二十六军政治委员杜衡被捕后叛变，致使全省各地党、团组织大批党员被捕或遇害，整个关中地区只剩下韩城、临潼两个县委，革命形势跌入谷底。

渭华起义纪念馆

西安事变后的 12 月 25 日，中共陕西省委恢复，机关设在西安城内。但时间不长，1937 年 1 月，就迁到泾阳县云阳镇城隍庙办公。省委当时的主要工作是领导陕西国民党统治区党的工作和抗日救亡运动，其安全工作主要依靠红军前敌总指挥部。同年 5 月 22 日，中共陕西省委在泾阳县云阳镇召开了陕西党代表会议，会议持续了七天，周恩来、任弼时、杨尚昆、彭德怀等出席大会，并做重要讲话。如此规模的中央领导出席会议，反映了当时中共中央对陕西省委的重视。8 月，中共陕西省委在泾阳县云阳镇举办党员干部培训班，培养能够适应统一战线的党员干部。

云阳粮站——中共陕西省委旧址新貌

红军改编为八路军开赴抗日前线后，中共陕西省委就有了另外一张名片——八路军一一五师留守处。担任留守处第一主任的周铭全住在小北门邓家后楼。12月22日，泾阳县云阳镇召开了中共陕西省委第一次扩大会议，省委书记贾拓夫做了《关于目前抗战形势与党的任务》的报告。翌年，汪锋接任八路军留守处主任，赵伯平任副主任，两人的住址由邓家改为了毛家，而办公地点定在了对面的杜家。这三户均为当地的富裕人家，屋舍后来都被拆除了，现仅剩两间厢房供游客参观。

毛家大院旧门楼

毛家大院现状

云阳当时处于国统区，中共陕西省委在云阳的一举一动都处于特务机构及当地保甲政府的监控中。陕西省委从当时实际出发展开针锋相对的斗争，不仅严格执行中共统战政策粉粹了国民党的阴谋，并且在此基础上创造性地工作，在国统区严密的监控条件下将云阳建设成联系延安和西安的重要桥梁，以至于众多奔赴延安参加革命的有志青年纷纷选择云阳，经陕西省委介绍进入延安。1940年5月1日，中共陕西省委从云阳迁至陕甘宁边区马栏，1944年胡宗南部队大举进犯，中共陕西省委又迁往淳耀县的安社村。

第二节 抗战追忆

在抗日战争时期，中共陕西省委主要在陕西的关中、陕南地区以及甘肃的天水地区活动。最初，省委机关在泾阳县云阳镇办公，到红军改编成八路军出征后，陕西省委就以八路军第一一五师留守处名义开展工作。日军发动全面侵华战争后，国内抗日救亡形势发生了巨大变化，党的领导对于抗日救亡的意义日益重大，陕西省委在调整组织机构的同时大力发展党员，建立党的基层组织。截至1938年年底，仅在国民党统治区内的关中、陕南地区就有五十三个县建立了组织机构，发展党员八千多人，大大恢复和壮大了陕西地区各级组织的力量。陕西省委还通过创办刊物，加强宣传力度，以指导抗日救亡运动条件下陕西党的建设工作。1937年，中共陕西省委公开创办省委机关刊物《西北》，并以此作为对外宣传的窗口。《西北》以"加强抗战力量的团结，保卫陕西、保卫西北、保卫全中国，争取独立、自由、幸福的新三民主义新中国"为宗旨，以宣传中共中央的抗日民族统一战线政策和发动群众、团结抗战为中心任务，采用活泼多样的形式，深受社会各界的喜爱。

1938年3月底，中国国民党临时全国代表大会召开，这次会议最大的成果是通过了《中国国民党抗战建国纲领》。纲领的积极意义在于接受了中国共产党和广大人民群众关于坚持抗战和开放民主方面的一些合理要求，但却对中共和其他民主党派提出的实行民主、改善民生方面的内容置若罔闻。尽管还存在不尽如人意的地方，但是，《中国国民党抗战建国纲领》的发布和设立国民参政会的决议，确是抗日过程中中国政治进步的体现，亦是抗日民族统一战线的发展。中共陕西省委坚持围绕统一战线开展工作，于5月7日，由省委宣传部公开发表文章，对《中国国民党抗战建国纲领》中的进步政策表示赞同和支持，推动了国民党陕西省当局实行抗战政策。7月22日，中共陕西省委作了《关于省县临时参政会工作的决定》。其指出，"利用一切可能争取我们党员及先进人士的议席，打击、孤立和削弱顽固派"，使"临时参政会可能成为战时相当的民意机关"。表明了中共陕西省委帮助国民党陕西当局实行抗战的态度。1938年8月1日，中共陕西省委领导人又联名发表了《我们对于第三期抗战中保卫陕西与西北的意见》，表示，"我们曾经屡次提'保卫陕西与保卫西北及争取全国抗战胜利的斗争，需要成千成万忠实于民族解放事业的干部'，'吸收一切对救亡工作有经验的干部参加动员'"，"我们愿意在任何困难、任何危险的情况下去负责工作，在工作中与友党诚恳合作，并帮助友党的进步与发展"。这就再一次明确中国共产党按照统一战线团结、斗争、领导的要求，成为推动真正的国共合作、团结抗战的主导力量。

1938年8月12日至18日，中共陕西省委召开了全省抗日积极分子会议。这次会议的主要内容是针对日军兵临黄河东岸，陕西告急的军事形势，讨论部署陕西国民党统治区的抗日救亡工作。时任中共陕西省委书记的贾拓夫做了《巩固团结保卫陕西当前的迫切任务与工作》的报告，并对围绕报告展开的讨论进行了总结。他认为，党总的方针是坚持抗战，坚持统一战线，坚持持久战，陕西党目前的具体战斗任务就是巩固团结，加紧进行战争动员工作。从当时的实际出发，会议预估了开展游击战争的可能性，指出了在国统区开展抗日游击战争的方针和具体任务。会议还对工作提出了具体要求，说明了在政治上广泛宣传武装斗争的必要性，时刻警醒每一个陕西人要做好拿起武器进行战斗的准备，但在组织上必须绝对保密，杜绝一切形式的暴露。根据这次会议精神，针对国民党地方武装和非法武装开展的统战工作在陕西国统区的各级党组织以及党员中普遍开展起来。其中比较瞩目的是长期被忽视但力量强大的陕西的非法武装力量，据不完全统计，仅十个县的范围内就有约一万五千至两万人，长短枪七千余支。党对他们开展的争取团结活动，为准备进行的游击战争奠定了坚实的基础。

中共陕西省委在云阳期间认真执行了党的统一战线方针和政策，多次领导粉碎了国民党企图袭击的阴谋，将云阳建成了连接延安和西安的政治、军事和教育重镇，全国革命青年和爱国华侨多是经过云阳由陕西省委介绍，或奔赴延安参加革命，或到安吴青训班学习。中共陕西省委的恢复和发展，为全国的抗日救亡运动贡献了自己的力量。

第十三章　马占山纪念碑

第一节　遗址概览

　　在陕蒙边界，有一个原本不知名的小镇，它就是府谷县哈镇（原名哈拉寨）。但如今，它却因一个人而名扬天下，这个人就是充满了传奇色彩的抗日名将马占山。日本发动全面侵华战争后，打响中国军队抗日第一枪的马占山，奉命组编了东北挺进军。参加完绥远抗战后，便"警卫伊盟，坚守河防"。马占山因此与哈镇结缘，将司令部设在了哈镇赵家大院。赵家是当时哈镇的首富，院子坐落在哈镇后街，初建于清朝乾隆年间，至1964年被彻底拆毁，共存在了两百多年。整个大院由中院、外院和后院三部分构成，建筑富丽堂皇，房间逾百间。1938年春马占山率部进驻哈镇时，在与赵家协商后征用赵家大院做了其司令部，大门墙左边挂着黑龙江省政府、右边挂着东北挺进军司令部的牌子。1945年8月18日，东北挺进军撤离哈镇，但赵家没有迁回赵家大院。目前，整个院落只剩下一面墙壁，在诉说着当年的辉煌。

马占山

马占山纪念塔

　　马占山的部队在哈镇一待就是八年。有史料记载，整个抗日战争时期陕西省唯一被日军攻入的地方就是府谷，但日军仅占领了一个上午。马占山的队伍在驻扎哈镇期间曾主动出击日军，但由于双方力量悬殊，一直没有取得实质性进展。但是，军事上的困守并没有影响马占山为当地社会发展做贡献。1944年，他捐赠了十五万元，为教育资源匮乏的哈镇兴建了中山中心学校（今府谷县哈镇学校前身），在校内修建了秀芳图书馆、中山堂等建筑。秀芳图书馆是以马占山的字命名的一栋二层飞檐八角楼，当时作为图书馆，现已成为府谷县重点保护文物；中山堂则因年久失修，破旧不堪。马占山还发动官兵协助当地民众修桥补路，修理河堤，发展地方经济。此外，他在1942年建成了中国现代史上第一座抗战阵亡将士纪念塔，塔身上刻有邓宝珊"碧血有痕留战垒，青山无语拜碑亭"和傅作义"浩气长存"的题词。但遗憾的是，这座塔却毁于"文革"之中，我们今天看到的是2004年哈镇群众在原址上通过自筹经费重建的纪念塔。塔旁的忠烈祠里供奉着九一八以来随马占山抗击日寇英勇牺牲的两千多名将士的牌位。马占山在府谷为老百姓所做的贡献及他的德行为当地民众广为传颂，人民群众为了感谢他，特意立了一座马公德政碑以示纪念。

马公德政碑

2013年，府谷县人民政府对烈士陵园进行集中改造，新建一座高9.18（意为铭记九一八）米的东北挺进军抗日阵亡将士纪念塔，背面刻有马占山书写的四个大字"还我河山"；另外新建一面14平方米的黑色花岗岩烈士墙。表达今人对抗日英烈的瞻仰和崇敬之意。

第二节　抗战追忆

出身贫苦农民家庭的马占山，很小时就给地主家放马，练就了一身骑射本领。在我们今天能够看到的他为数不多的照片中，他几乎都是骑在马背上的。也是因为马，他有了一段落草的经历。他在给地主家放马的过程中不慎丢了一匹，地主不念旧情，不仅把他送入官府毒打要求赔偿，而且在马自己跑回来后也不肯退钱。马占山一怒之下上了"梁山"，并因为重义气、有本领而很快成为首领。

1908年，马占山率一众兄弟弃暗投明，并于三年后投靠了清军奉天后路巡防营统领吴峻升。经过二十年的摸爬滚打，至1931年九一八事变爆发，他已成为张学良最为倚重的黑龙江省政府代理主席兼军事总指挥，驻守黑龙江咽喉江桥。11月2日，马占山断然拒绝了日军以武力威胁他

第十三章　马占山纪念碑

放弃抵抗的"最后通牒"，并于 11 月 4 日与恼羞成怒集结重兵来犯的日军正面交火，打响了中国武装抗日的第一枪。江桥之战打得非常悲壮，双方的武器装备、后勤补给悬殊，但马占山灵活指挥，先下令毁掉三个桥孔，粉碎了敌人过桥的阴谋。日军调来飞机、大炮、装甲车集中进攻，连子弹都不够用的马占山队伍在其指挥下采用了诱敌深入、近距离肉搏的方法，日军再次失败。关东军司令本庄繁打急了眼，调来驻守旅顺的野战炮兵和混成旅共计一万多人，在飞机重炮的掩护下猛扑过来。马占山部队虽与敌人展开殊死搏斗，但终因敌人炮火过于猛烈，没能守住江桥，退到了第二道防线大兴站。马占山亲自率队上阵冲杀，军心大振，一举收复被日军攻陷的大兴站。马占山在江桥抗战的消息通过媒体传遍了全国，各地各界人士送来猪、羊、大饼等各种慰问品，上海卷烟厂还专门出产了马占山牌香烟鼓舞前线战士士气，甚至连华侨都发来贺电、寄来财物等。至 18 日，已经连续血战十多天的马占山部队弹药基本打完，战士已经筋疲力尽，伤亡巨大却无后援，但即便如此，剩余的四千多人仍坚持对抗超过三万配备精良武器的日军。马占山向各处求援，却无一处响应，不得已退往平原腹地海伦，结束了江桥抗战。

江桥抗战

1932 年 1 月，退居海伦的马占山佯装与日本合作，出任由张景惠建立的伪政权黑龙江省省长兼任伪满洲国军政部总长一职，随后秘密使用十多辆汽车向城外运送大批款项、战马及其他军需物资。重新举起抗日大旗的马占山约集其他两路军代表，聚集七千多人组建黑龙江省救国军，马占山被推举为总司令，在白山黑水中坚持抗日半年多时间，沉重打击了日本侵略军的气焰。但因为战事失利，一度退到苏联，至1933年6月回国。1936年西安事变爆发，马占山支持张学良、杨虎城，被抗日联军临时西北军事委员会任命为抗日援绥军骑兵集团军总指挥。但蒋介石回南京后随即扣押张学良，政治形势突变，马占山不得不返回天津家中。

1937年七七事变爆发，国家急需带兵打仗之良将。8月21日，国民政府命令马占山赴山西大同组建东北挺进军，仟东北挺进军司令，兼管东北四省招抚事宜，做出了要收复东北的态势。24日，马占山到达大同，他以西安事变时捉住蒋介石的东北军悍将刘桂五将军的中央骑兵第六师

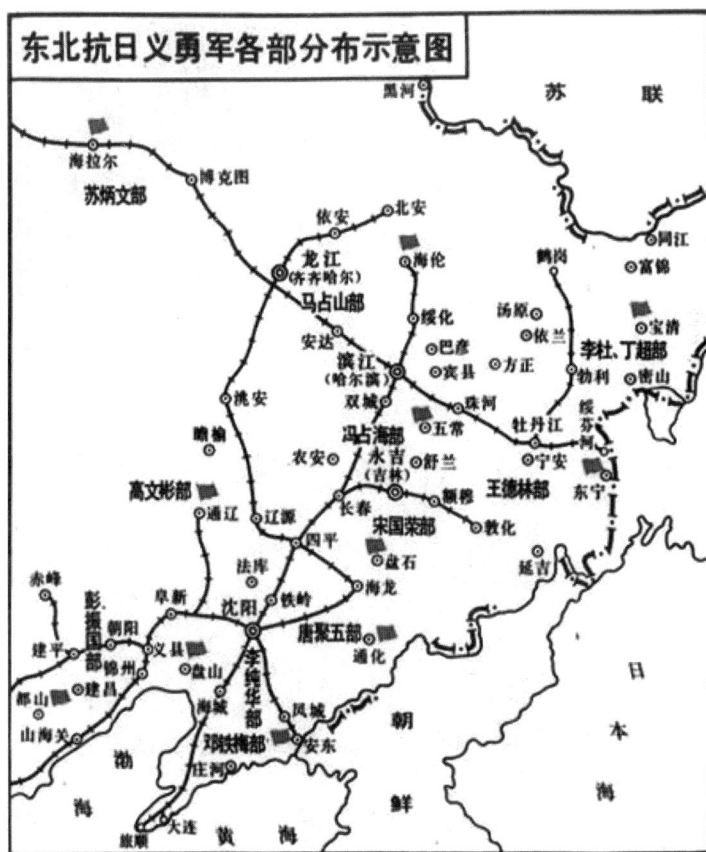

东北抗日义勇军各部分布示意图

和李大超的国民军为骨干编组挺进军，并成立挺进军司令部，保证了队伍的战斗力。马占山高度重视队伍的思想工作，善于开展政治攻心战，不仅带出的队伍凝聚力强，还利用政治攻心瓦解伪蒙军心理防线，先后招抚和收编了大量伪蒙军，大大充实了挺进军的力量。据说这一点也引起了蒋介石的关注："这个马小个子，还挺有号召力。"中国共产党也很重视马占山的抗日力量，通过各种途径支持他的队伍建设。中共东北特委会曾派遣一批共产党员和东北大学学生参加东北挺进军，增强了挺进军的实力。与此同时，他们还与国民党特务的破坏做坚决斗争，如任挺进军司令部中校军械官的邹大鹏和任上校秘书主任的栗又文，他们曾揭穿并抵制了国民党特务刘广荚制造的反共摩擦活动。

9月中旬，日寇开始进军大同，逼近绥远。马占山派刘桂五部在旗下营迎击日军，骑一旅、蒙古军独立第一旅等部则在马占山的带领下联合布防大黑河一线，捍卫十里外的绥远城。9月28日，日寇进攻旗下营，刘桂五率领部将与日军激战一昼夜，日军大量伤亡，但日军凭借大炮、装甲车等重武器以及源源不断增加的援军，还是于次日突破了旗下营武装的拦截，向大黑河一线进攻。日寇来势汹汹，与布防部队展开激战，战至正午，骑一旅伤亡惨重，已经难以支撑了，马占山亲临阵地督战，严令扼守，一直坚持到下午6点。此时的挺进军已陷入敌人三面包围中，只能在黄昏的掩护下向毕克齐方向撤离。

马占山手书"还我河山"

由于敌我力量悬殊，察哈尔和绥远大部失陷。10 月 3 日，挺进军沿铁路退至包头，经一夜奋战后继续向包头西山咀一带转进，到达五原。此时，日寇正极力制造汉蒙分裂，公然策动伊盟背叛祖国，成立自治政府。伊盟是守卫陕北及宁夏的门户，关系整个西北大局，马占山在加紧向中央政府汇报这一情况的同时，毅然决定立即进驻伊盟的东胜县。在这里围歼了妄图袭取东胜的伪蒙军第四师及达旗森盖部队，并乘胜追击残部至康王府，俘获康王及其以下百余人，并约见说服了东西协理，平定了伊盟之乱，维护了国家统一。

马占山最初选择在准格尔旗沙圪堵南五十余里的哈镇驻扎先期部队，主力则沿黄河一带驻防，与敌对峙。3 月初，日寇分三路包围挺进军，马占山出奇制胜，由内线作战改为外线作战，沿黄河一带转战阴山山脉。16 日夜奇袭河口镇，17 日晚收复了托克托县城，生擒伪蒙古军骑四师团长门树槐。刘桂五将军还率骑兵攻占了萨拉齐火车站，切断日军军需补给干线平绥铁路。日军司令大为震惊，吸取以往同挺进军骑兵作战的教训，组建了大编制的摩托化部队，在飞机配合下集中主要力量攻击挺进军，而此刻挺进军的主力却是骑兵，力量悬殊。马占山果断下令迅速转移，使得荷枪实弹的日军又扑了个空。马占山充分运用游击战术、骑兵优势纵横草原、翻越青山，特别是手下悍将刘桂五将军，屡立战功，一次又一次粉碎了日军的凶猛进攻。

东北抗日义勇军战士

　　1938 年 4 月 1 日，马占山率部渡过黄河，向敌军后方归化、武川及百灵庙地区挺进。10 日，夜袭平绥线察素齐车站，俘虏众多伪蒙官兵。15 日，率部逼近敌人老巢张北。日军慌忙调晋南、晋北四个师团兵力，从阴山山脉中段赶来救援，两军连续激战七昼夜，马占山部终因火力装备的不足而退往固阳一带。穷凶极恶的日军借势追击，妄图一举消灭马占山部。追兵四面包围了挺进军，卧病在床的马占山听到战况，不顾警卫员拦阻，翻身而起，亲率部队奋勇冲杀。日军火力十分凶猛，炮弹如雨，他的贴身警卫人员从排长到普通警卫员全部阵亡，随从指挥官盖克敏也被炸弹震昏。马占山指挥部队顽强拼杀，战至下午 5 时，终于突出敌人重围。22 日，部队在黄油干子（今包头附近）渡河时，再次遭到日寇战车袭击，刘桂五将军奋力阻击断后，掩护军部撤离，不幸中弹殉国。黄油干子一役，粉碎了日寇全歼挺进军的企图，东北挺进军实现了站稳脚跟，拒敌于黄河以北从而保卫大西北的目的。

　　1938 年年底，马占山赴重庆办事，回驻地时途经延安，在随行的挺进军政治部主任魏名虚，秘书尹秀峰、许街，交际科的杜科长等陪同下，首次与中共中央领导人会面。毛泽东专门设宴款待，以"对此抗战数载，奋战于冰天雪地中劳苦功高之马老将军，备致慰问之意"。王明、吴玉章等作陪。相同的抗战立场赋予双方说不尽的共同话题，席间相谈甚欢。餐后还一同赴中央大礼堂观赏了延安社会各界的欢迎晚会。八路军后方留守处主任肖劲光担任了晚会的主持，王明代表中共中央及延安各界向马占山致欢迎辞。他说："马将军是九一八后第一个抗日的人，他不顾一切，首先起来反抗民族敌人，首先起来打日本帝国主义，这是历史上应大书特书的。第二，马将军不但勇敢，而且机智，在敌人的重重包围下，能设法从危险中逃出，是值得人民学习的。第三，马将军是自始至终抗战到底的人。马将军主张团结全国人民，顾全大局，主张进步，反对倒退，因为只有如此，才能打败日本帝国主义。"紧接着，毛泽东也发表了讲话，他讲道："我国古代社会即是欢迎有始有终的人，一直到今天都是这样，半途而废的人不被欢迎。抗日是一件大事，要始终如一、抗战到底。

马将军八年前在黑龙江首先抗日，那时红军在南方即致电热烈欢迎。八年之前红军与马将军则已成为抗日同志，我们相信马将军一定能抗战到底。现在有些投降派，半途妥协，他们是虎头蛇尾。我们要和马将军一道，和全国抗战的人一道，我们真诚地欢迎那些始终如一、抗战到底的民族英雄，他们为中华民族解放而奋斗到底，我们就欢迎到底。马将军年逾半百，仍在抗战的最前线与敌周旋，这种精神值得全国人民钦佩。"马占山也应邀讲话，首先对延安各界的热情欢迎表示感谢，对他们在艰苦环境下坚持抗日的精神表示钦佩，他说："在八年前正经抗战，到今天一定要抗战到底，打到鸭绿江边粉身碎骨，在所不计，奋斗到底。"讲话结束后，延安鲁艺演唱了《东北三部曲》大合唱、《黄河大合唱》，表演了《良民》独幕话剧等文艺节目。虽然此次会面时间不长，但为双方在共同抗战立场上增进互相信任奠定了基础。

1940 年 5 月，马占山被国民政府任命为黑龙江省政府主席。1941 年 8 月，马占山在陕西榆林宣布黑龙江省政府成立。1945 年 8 月 15 日，日本投降，蒋介石集团开始抢夺抗战果实，设国民政府军事委员会委员长东北行营，熊式辉任政治委员会主任委员，马占山等为委员。1946 年，人民解放战争初期，蒋介石命令东北挺进军守住大同，马古山两个骑兵旅在楚溪春统率下完成死守任务，并与傅作义会师共同进攻张家口。1947 年，蒋介石任命马占山为东北保安副司令长官，但他始终未去就职，还公开把他的两个骑兵旅交给傅作义指挥，自己长期避居于北平。1948 年年底，马占山看到了解放北平的必然趋势，表示愿为和平解放北平做些工作。他邀请邓宝珊来北平，力劝傅作义接受和平解放北平的主张。经过多次商讨，1949 年 1 月上旬，马占山、邓宝珊、傅作义共同宣布起义，北平和平解放。

新中国成立后，马占山寓居北京。1950 年 11 月 29 日，病逝于北京。他留给子女的遗嘱是："我亲眼看见，我中国在毛主席和共产党之领导下，全国人民获得解放，新民主主义已顺利实行，人人安居乐业。我生平理想中新型国家已建立起来。我嘱儿等务须遵照我的遗嘱，在人民政府的英明领导下，诚心诚意去为新中国的建设努力奋斗到底，实事求是做事为人，不可稍懈。"

打响了中国武装抗日第一枪的马占山，其一生的传奇都离不开"抗战"两个字。从享誉全国的江桥抗战，到至今仍受争议的诈降反正，从参与西安事变促成抗日统一战线建立，到维护统一的绥远抗战，还有因抗战与中共建立的互信，等等。这其中贯穿的同一个主题是抗战，抗战也是贯穿马占山一生的主题，同时，它也铸就了马占山的辉煌。

第十四章　国立西北联合大学

第一节　遗址概览

国立西北联合大学，简称西北联大，是抗日战争时期为在战乱中保存教育资源，由国民政府教育部合并国立北平师范大学（即现在的北京师范大学）、国立北洋工学院（原北洋大学，即现在的天津大学与河北工业大学）、北平大学三所国立高校以及北平研究院等研究机构而创立的一所综合性大学。学校从合到分，存在仅不到一年时间，却对西北乃至全国高等教育事业的发展产生了深远影响。

西北联大校址分散在陕西省汉中市的城固县、南郑县和勉县三地，学校主体六个院系所在地均不相同：文理学院在城固县内清代考院旧址，教育学院在城固县文庙内，法商学院在城固小西关外（现城固一中），工学院在离城固县城南十多公里的古路坝教堂内，医学院设在汉中南郑的一片居民区内，农学院设在勉县武侯祠。

西北联大的本部与文理学院同在城固考院内，与文庙相邻，学校的重大活动自然集中在这里举行。1938年5月2日，刚刚从西安经过秦岭长途跋涉而来的西北联大师生在文庙举行了盛大的开学典礼。但因时间仓促没有制作校牌，就用白灰在一进门的照壁上写下了"国立西北联合大学"八个大字，便有了"文庙照壁"之说。可惜的是，由于时间久远，照壁已经荡然无存，仅留下一张不太清晰的照片，诉说着当时西北联大的历史。而文庙仅剩的大成殿，虽被列为陕西省文物保护单位，但因被现代生活设施包围而显得破旧不堪。

西安临时大学师生徒步从西安到陕南途中

目前，西北联大旧址保存得比较完整的，要数小西关外当时西北联大法商学院所在地。现在城固一中校园内一栋四合院式的二层小楼，为当年西北联大商学院所用。它建于1914年至1917年年间，是一座土木结构的建筑，黄墙灰瓦红柱，古朴而亲切，已被确定为省级重点文物保护单位。国立西北联合大学在城固时的面貌，在另一遗迹中也得以部分保存，它就是城固县城向南十多公里外的董家营古路坝村的一座天主教堂，其所在地在当时是西北联大工学院的校址。教堂始建于1888年，据说建了三十年才完工，规模庞大，环境优美，包括钟楼、修道院、主教公馆、大学堂、育婴堂、养老院、仓库等共计五百多个房间的各种建筑，壮观如宫殿。但目前只剩下在"文革"中用作生产队大队部的主教公馆和改建为古路坝小学的修道院这两个主体部分。其中，主教公馆因有宗教活动和教民捐助，建筑保存尚好，还进行了部分翻修；修道院则在1994年小学搬离后年久失修，加之2008年的地震使其多处坍塌而破败不堪。

国立西北联合大学旧址今貌

第二节 抗战追忆

抗日战争是国立西北联合大学成立最为重要的时代背景。七七事变后，日军开始大举侵华，他们不仅一路夺城掠地，烧杀抢掳，还对承载中国文化的教育机构极尽摧残破坏之能事，使教育资源在战火中损失惨重。有数据统计，自日军全面侵华开始，截至1938年年底这不足半年的时间里，全国近85％的高校受到了不同程度破坏，其中有近25％的高校因为受害严重而停办，而彻底破坏无法恢复的高校接近10％，直接经济损失就达3360余万元，而初级和中级教育的损失则更为严重。文化教育损失如此巨大，国民政府也不得不承认："当时平、津、京、沪各地之机关学校均因变起仓卒而来不及准备，其能将图书仪器设备择要移运内地者仅属少数，其余大部随校毁于炮火，损失之重，实难数计"[1]

文教设施特别是高等院校，最初基本都是以文化为中心而立，残酷的战争迫使国民政府不得不采取应对文教事业被摧毁的措施。早在七七事变一个月后，国民政府就曾颁布《战区内学校处理办法》，提出对于处于战区的学校"于战事发生或逼近时，量予迁移，其方式得以各校为

①国民政府教育部教育年鉴编纂委员会：《第二次中国教育年鉴》，北京：商务印书馆，1948年版，第8页。

单位或混合各校各年级学生统筹支配暂行归并或暂行附设于他校"①的办法。这是一个应急措施性质的法规，不足以解决根本问题。至1938年，国民政府对战争的长期性有了基本的认识，对应对措施也有了深入思考，针对文教事业面临的危机，成立了全国战时教育协会，做出了学校内迁的重大决策，拉开了中国教育史上教育中心人为迁徙的大幕。这次迁移包括国立、省立、私立的重点院校，尤其是资源丰富、人才密集的重点高等院校。当时还处于后方，能源和人口丰富的西南和西北地区成为迁徙的主要目的地。迁移途中日军的封锁迫害，加剧了学校内迁工作的复杂性，无论是组织、管理，还是校舍、生源等问题的解决都需要一个过渡。因此，于1937年8月，国民政府教育部高等教育司特制定《设立临时大学计划纲要草案》，其规定，"为使抗战期中战区内优良师资不致无处效力，各校学生不致失学，并为非常时期训练各种专门人才以应国家需要起见，特选定适当地点，筹设临时大学若干所"；"（1）临时大学第一区——设在长沙；（2）临时大学第二区——设在西安；（3）临时大学第三区——地址在选择中"②。在这一法规的明确指引下，原处京津地区的北京大学、清华大学、南开大学首先在长沙筹组了新校，定名为长沙临时大学。但随着南京沦陷，武汉、长沙岌岌可危。长沙临时大学又迁往云南昆明，并更名为西南联合大学，简称西南联大。

1937年7月底，北平、天津等地相继失守。北平大学、北平师范大学、北洋工学院三所高等院校及北平研究院奉9月10日国民政府的调令迁往西安，并以此为主干组建了西安临时大学。

迁移的路途是漫长的，从北平沦陷区到天津英法租界，再乘船到山东，辗转赴陕西；迁徙过程又是艰难的，沿途日寇的封锁和围堵，衣物被褥短缺，伙食费每人每月仅六元，还分三次发放。有数据统计，到西安组建西安临时大学时，全校师生共计1578人（含借读生151人），其

---

① 《战时教育论》，独立出版社1938年版，第104页。
② 西南联合大学北京校友会校史编辑委员会：《国立西南联合大学校史资料》，昆明：云南人民出版社，1986年版，第72页。

中教授 106 名，分 6 个学院，24 个系[①]。在教育部规定广大师生自愿前往报到的前提下，如此规模的师生克服重重困难完成迁移工作，保存了当时国内一流的工程教育、文理师范以及农林科技等教育资源，实属不易。这么大规模的教育群体，很难找到规模相当的房屋场地作为校舍，因此，西安临时大学分散为三个部分，校本部、国文系、历史系和外语系等聚集在西安城隍庙后的后庙街四号，医学院、法商学院、农学院、教育系、生物系等则在北大街中段路东侧的通济坊落脚。目前，这两处旧址上的房屋已经彻底拆除，看不到任何当年的痕迹，只剩下当年数学系、物理系、化学系和体育系等落脚的太白北路现西北大学老校区这一旧址，记录着在西安仅存了不足四个月的西安临时大学的历史。

1937 年 10 月 11 日，国民政府教育部颁发了《西安临时大学筹备委员会组织规程》，决定以筹备委员会合议制度代行校长职权，筹备委员会主席由教育部部长兼任，委员则由教育部聘任。虽然学校还缺少必要的教学设备，教育经费也极度困难。但即便如此，1937 年 11 月，西安临时大学在广大师生的支持下正式开学，不仅继续科学研究与教育活动，为祖国复兴积聚科研力量，而且还开设了与抗战有关的课程，如军事、政治、技术等，定期邀请各界知名人士给学生做抗日相关内容的报告，为抗日救国培养直接人才。

1938 年 3 月，日军打到了风陵渡，陕西门户潼关告急，西安亦卷入战事，时常遭到日军飞机的轰炸。国民政府教育部发出了第二次迁移的指令，决定将西安临时大学向南迁往汉中。逾千名师生面临的是"蜀道难，难于上青天"的挑战，因为汉中与四川接壤，从西安出发需要穿越秦岭。正是因此，西安临时大学常务委员会接到电令后成立了以徐诵明等十七人为首的准备迁移事务委员会，对迁移工作进行认真而细致的筹备。他们对全校进行编队，按大队、中队、区队、分队自上而下划分了不同层次，明确了责任范围，并选用了便于保存和携带的陕西特产锅盔作为干粮。筹备停当后，浩浩荡荡的队伍便由宝鸡沿川陕公路进发，

①数据来源于西北大学校长方光华在《光明日报》上发表的《记住西北联大》一文。

渡过渭河，进入秦岭山区，徒步穿越了人烟稀少、土地贫瘠、峭壁遍立的崇山峻岭，半个月时间里历尽艰难困苦，行程两百五十多公里，终于到达目的地汉中。

国立西北联合大学照壁

西安临时大学是为躲避战乱保护教育资源而根据临时过渡性质的迁移方案设立的。但随着众多高校内迁的完成，国民政府教育部看到了当时一流高校内迁对内地文化教育事业的带动和影响作用，认为西安临时大学亦应肩负起发展西北文化教育事业的重任。但认为"临时大学"的称谓已经不能涵盖其任务的转变，因此，于1938年4月3日下发了《平津沪地区专科以上学校定理文案》，改称其为国立西北联合大学。

5月2日，国立西北联合大学正式开学。组织机构依然按西安临时大学旧制，"联而不合"，由原北平大学校长徐诵明、北洋大学校长李书田、北平师范大学校长李蒸等组成校务委员会管理校政。院系设置也不改变，医学院学制为五年，其他的学制四年。西北联大还附设有预科班以招收高中毕业生，进入预科班的学生经过一年的学习，成绩优良的可保送上大学，其他中学毕业生则按国家大学统一考试方能入学。西北联大在此坚持办学八年，我国著名语言学家黎锦熙，哲学家、教育家李达，翻译家曹靖华，历史学家侯外庐、李季谷，著名学者、政治活动家罗章龙、于右任等都曾在此任教。他们是国内知名学者、教授，虽授业于茅草之室，生活于窘迫之中，却从未因此而懈怠。他们培养出的毕业生，大部分也秉承了在艰苦中奋斗的品质，担任了相继迁来汉中的沦陷区众多中等学校的教师。一时之间汉中地区云集了各地名师名校，一跃成为与昆明、重庆齐名的抗日大后方三大教育重地之一。

　　西北联大的广大师生并没有忘记国难当头的危机，他们在坚持学习的同时，一方面在校内组织各种爱国社团，另一方面走出学校，宣传抗日的重要性。当时，中国共产党还在西北联大内部秘密建立了组织，领导进步青年积极参与各种群众运动，抵抗当局的消极抗日。特别是在1938年下半年国民政府由积极抗日转向消极抵抗后，西北联大的广大师生组织了多次学潮予以斗争。他们的行为引起了国民政府的不满，陆续下令禁止学生开展集会游行，在加大对报刊书籍查禁力度的基础上，还以就业威逼利诱学生亲近国民党。

国立西北联合大学部分教授合影

　　1938年7月，国民政府不顾全校师生的一致反对，趁着学生放假难以短期内集合反对，一道电令撤销了国立西北联合大学，并相继对其原有的六个院系进行了分立：文理学院、法商学院、师范学院、医学院仍为一校，校名改称国立西北大学；原工学院与东北大学工学院、私立焦作工学院等合组为西北工学院；农学院则被强令迁往陕西武功，与当地原西北农林专科学校合并，改组成立西北农学院。但不久，国立西北大学又一次被划分，师范学院和医学院相继从中独立，分别称为西北师范学院和国立西北医学院。文理学院、法商学院则组成西北大学。这样一来，在原来一所西北联合大学的主干上，开出了西北大学、西北师范学院、西北工学院、西北医学院、西北农学院五朵独立的花朵，这也形成了西北地区高等教育的基本格局。

1940 年，西北师范学院迁往兰州，迁移过程持续四年之久。至 1946 年，一部分师生留在西北师范学院，即为当今西北师范大学的前身；大部分师生返回北平，组成现今的北京师范大学。同年，西北大学迁往西安，新中国成立后，西北大学成为教育部直属大学之一。西北工学院则在抗战胜利后迁至咸阳后，一部分师生返回天津，重建了北洋大学，即现在的天津大学，其余的留在陕西，成为现今的西北工业大学。西北医学院在抗战胜利后返回了西安，现为西安交通大学医学院。西北农学院逐渐发展为西北农业大学，并于 1999 年 9 月，经国务院批准，与同处杨凌的西北林学院、中国科学院水利部水土保持研究所、水利部西北水利科学研究所、陕西省农业科学院、陕西省林业科学院、陕西省中国科学院西北植物研究所等科教单位合并组建为西北农林科技大学。

2008 年汶川大地震后的古路坝——陕西城固县
国立西北联合大学旧址

"一花分五瓣"的西北联合大学，虽然"联合"了仅仅一年时间，但却奠定了西北地区高等教育的基础。当今如西北大学、西北工业大学、西北师范大学、西北农林科技大学、西安交通大学医学院等知名高校都与西北联大有着衣钵相传的血脉关联。虽然西北联大"分裂"为五所相互独立的院校，但其影响却未因为分裂而缩小，相反恰恰得以大大扩展。各个独立院校在不同的学科领域内深入发展，为西北地区建立起包括文、理、工、农、医、师范等较为完整的高等教育体系。

　　虽辗转于迁移的路途中，并受制于校舍、器材和资金的短缺，同时身处外敌入侵战祸不断的环境里，国立西北联合大学却汇集了众多名师、学者，为西北地区培养了一批优秀的学术精英和专业骨干，不仅推动了西北地区科研事业的长足发展，也为抗战专业人才的培育做出了特有的贡献。有数据统计，抗战八年，西北联大及其分立而成的五所院校共有教授 500 余名，毕业学生 9257 名，这与同一时期西南联大的 2522 名、东南联大的 488 名对比，无疑为抗战时期人才培养的重地。[1]

———————————
①数据来源于潘懋元、方光华相关论述。

第十五章　八路军留守兵团旧址

第一节　遗址概览

1937 年 8 月，中国工农红军主力四万余人改编为国民革命第八路军，出师华北抗日前线。洛川会议决定，从八路军三个主力师中抽取一部分兵力留守延安，承担保卫中共中央及作为抗战总后方的陕甘宁边区的使命。这部分兵力称为八路军后方留守处。由军委任命，经南京国民政府同意，肖劲光担任八路军后方留守处主任，机关选址延安城北两座山之间的山沟里，即今天延安中学所在地。

在延安找地方安顿下来并不困难，依着山挖孔窑洞就可以安营扎寨。八路军后方留守处机关一开始也是这样找到安身之处的，他们在山边挖了几孔土窑洞就开始工作了。后来，随着人员不断增加，增挖土窑洞的同时还在平地上建起了房屋，规模逐渐扩大。其中的好多建筑在后来砌石窑、盖楼房的开发过程中被拆毁了，只有山边土窑洞保存了一些，其中长期无人居住的已经废弃倒塌了。

延安八路军留守兵团会议时合影

　　1937 年 12 月底，中央军委将八路军后方留守处改编为八路军留守兵团，肖劲光任司令员兼政委，曹里怀任参谋长，莫文骅任政治部主任，明确了八路军留守兵团受中央军委直接领导的地位。1942 年 5 月，针对当时国民党顽固派对陕甘宁边区的加紧封锁，边区保卫力量需要加强这一迫切需要，也为了统一陕甘宁和晋绥两个区域的军事指挥力量，中央军委成立了陕甘宁晋绥联防军。任命贺龙为司令员，关向应为政治委员，徐向前任副司令员兼参谋长，司令部设在了延安城北八路军留守兵团旧址附近，即今天的延安中学校园内。9 月，八路军留守兵团并入新成立的陕甘宁晋绥联防军，八路军留守兵团司令部与陕甘宁晋绥联防军司令部合并，但对外保留了八路军留守兵团的称谓。今天我们所能看到的八路军留守兵团司令部旧址，其实就是陕甘宁晋绥联防军司令部旧址。及至 1944 年，为迎接抗日战争的最终胜利，留守后方的部队相继开赴抗日前线，1945 年 9 月，八路军留守兵团的建制被彻底取消。

八路军留守兵团建立的战时医院

第二节 抗战追忆

1935年10月，中国共产党中央红军长征到达陕北后，在原西北根据地的基础上扩建形成陕甘宁抗日根据地。1937年9月，随着抗日民族统一战线的建立，中共中央将中华苏维埃共和国西北办事处更名为陕甘宁边区政府，作为共产党领导的自治性地方政府，是国民政府行政院直辖行政区域。

正是因为有如此特殊的来历，陕甘宁边区始终面临着貌似平静、实则复杂险恶的形势。一方面，日军自发动卢沟桥事变以来，向中国腹地一路长驱直入，相继攻占京津、太原等地，打到了黄河东岸，凭借精良的武器装备对陕西虎视眈眈，寄希望于突破黄河防线，实现全面侵华目标，因此不断举兵侵犯，使得陕甘宁边区东线战事不断。另一方面，国民党顽固派从未放弃对中共的侵扰和破坏活动，从最开始的对陕甘宁边区周边的蚕食、瓦解，到勾结土匪直接骚扰破坏、派重兵包围封锁等。如1943年，国民党甚至不顾对日作战的需要，退出河防驻军，集结六十万兵力，配合经济封锁政策，向陕甘宁边区大举进攻。这种腹背受敌的形势一直到抗日战争胜利才得到改善。因此，整个抗战期间，驻防陕甘宁

八路军后方留守兵团第一次党代表大会代表合影

边区的军事力量，直接决定着陕甘宁边区的生死存亡，同时对维系抗日统一战线，联合一切力量确保抗战胜利也起到了重要的作用。

1937年8月，陕甘宁边区的红军主力改编为国民革命军第八路军后，中共中央政治局随即于22日至25日在陕西省洛川县冯家村召开了扩大会议，即洛川会议。这次会议主要讨论当时形势下党和军队的战略方针等问题，通过了《关于目前形势与党的任务的决定》和《抗日救国十大纲领》。会议还专设议题，就八路军主力初始抗战后，要不要留武装力量以保卫和巩固陕甘宁边区，以促进全国抗日形势健康发展进行了讨论。最后，会议同意毛泽东提出的党中央应驻守陕北一隅，运筹抗战大局，并留少数部队保卫党中央，巩固发展陕甘宁革命根据地这一主张。因此，在八路军总部和第一一五师、一二〇师、一二九师主力先后开赴华北抗日前线前，中央军委从各师抽出部分兵力组成八路军后方留守处。

依据边区各县位置，八路军后方留守处分东西两个区域设立，东区留守处在陈伯钧的带领下负责神木、府谷、靖边、安定、志丹、肤施、甘泉、佳县、洛川等县的防务；西区留守处在王宏坤的带领下负责安边、盐池、环县、庆阳、合水、正宁、旬邑等县的防务。肖劲光驻守延安总负责，受中央军委直接领导。

八路军主力开赴华北抗日前线以后，陕甘宁边区内的土匪破坏活动一度十分猖獗。据统计数据显示，活动在边区内的土匪有四十三股之多，四千余人，两千多杆枪，他们打劫、奸淫、放火、暗杀等恶性行为严重威胁着边区人民的正常生活。留守兵团组建后，采取军事进剿与发动群众、政治争取相结合的斗争方法，不到一年的时间，经过几十次大小战斗，基本肃清了边区内的匪患。

黄河作为一道天然屏障，将日军阻截在陕甘宁边区以东，但同时它也留给边区一条绵延千里的河防线。留守部队要保卫中央和陕甘宁边区的安全，首先应当肩负起坚守河防的重担。因此，八路军后方留守处组建起来后，主力都驻守在神木以南宜川以北的千里黄河防线上。

八路军留守兵团在行军途中

　　1937 年 10 月上旬，出于正规化建设的需要，中央军委将八路军后方留守处改编为八路军留守兵团，任命肖劲光担任司令员兼政委。这位军事专家在前期准备工作的基础上，开始了对八路军留守兵团的全面整顿。首先是整顿编制序列，除原第三八五旅旅部和第七七〇团不变外，第一二〇师辎重营、炮兵营改编为警备第一团，第一二九师特务营、炮兵营分别改编为警备第二、第三团，第一一五师辎重营、炮兵营改编为警备第四团，第一二〇师特务营、工兵营分别改编为警备第五、第六团，第一二九师工兵营改编为警备第七团，第七一八团整编为警备第八团。通过改编，加强了对队伍的统一领导，改善了部队因来源于不同根据地而产生的自由散漫、缺乏团结等情况。其次，明确了留守部队的共同任务："保卫边区，肃清土匪，安定人民生活，保卫河防，保卫党中央，巩固与扩大留守部队，建设正规化部队，提高战斗力，加强战斗准备，培养与积蓄干部。"[1]为留守部队广大官兵明确了行动方向。

　　从 1938 年开始，日军加紧了对陕甘宁边区东南部黄河沿线的攻击，企图以此打开黄河防线的缺口。面对这一形势，中共中央军委专门成立了河防指挥部，任命肖劲光为指挥员。河防指挥部下设两个河防司令部，分别为两延河防司令部和神府河防司令部。两延河防司令部主管延川、

<hr>

[1] 张国琦、李国祥：《中国人民解放军发展沿革》，北京：解放军出版社，1984 年版，第 106 页。

肖劲光

肖劲光《关于部队政治工作》

延长一带，神府河防司令部主管神木、府谷一带。司令部下辖河防区。河防指挥部适时加强了河防防务，在河东八路军配合下，取得多次河防作战的胜利。

1939 年，陕甘宁边区的形势日益紧张，驻防力量急需扩充。从 10 月开始，中央军委开始陆续从敌后抽调部分部队回边区以加强边区军事力量。第三五九旅率第七一七、第七一八团由晋察冀边区返回陕甘宁边区，接替绥德警备区防务，继而以绥德警备司令部为基础成立警备第一旅，辖警备第三、第八团，调防关中地区。1940 年 4 月，第三五九旅之第七一九团、雁北支队、第四支队又先后由晋西北转移到陕甘宁边区。截至 1940 年年底，留守兵团总兵力已达三万一千人。

1942 年 5 月，中央军委在延安建立了陕甘宁晋绥联防军，贺龙任司令员，关向应、徐向前分别担任政治委员和副司令员兼参谋长职务。9 月，正式将八路军留守兵团归入陕甘宁晋绥联防军，原八路军留守兵团司令部与陕甘宁晋绥联防军司令部合并，肖劲光任联防军副司令员，但八路军留守兵团的称谓保留了下来，对外仍以留守兵团的名义活动。这样，陕甘宁晋绥联防军得以统一指挥第一二〇师、留守兵团、晋西北新军、陕甘宁边区保安部队以及炮兵团。抗战反攻时，贺龙离开了陕甘宁晋绥联防军，回到山西任晋绥军区司令员，部分队伍也调拨前线。陕甘宁晋绥联防军司令部指挥剩余部队完成了边区的驻防任务。

1944年10月,抗日战争进入反攻阶段,中央军委为了配合前线的作战需要,陆续从留守兵团中调拨第三五九旅、骑兵旅和独立第一旅等部队完成开辟新的解放区或者支援其他抗日根据地的任务。抗战胜利时统计数据显示,陕甘宁边区部队人数超过了两万人,成为解放战争初期野战纵队的前身,后来组编为西北野战军。

在整个抗日战争期间,在驻守陕甘宁边区的过程中,八路军留守兵团在党中央和毛泽东的关怀下不断坚持理论和专业知识的学习,进行思想和军事建设。1937年12月,留守兵团成立后不久,就召开了第一次兵团首长会议,毛泽东、周恩来、张闻天、王稼祥等中央领导都出席了会议,强调了留守兵团的重要性。毛泽东还拍着肖劲光的肩膀风趣地说:"同志们,我在延安,就是靠留守兵团吃饭喽。"表达了中央领导对建好留守兵团的殷切期望。要想建好留守兵团,首先就要解决因来源不同而导致队伍自由散漫、缺乏战斗力的问题。肖劲光经过调研发现,留守兵团的战士基本素质很好,大多数是经历过残酷斗争环境锻炼成长起来的战斗精英,党员比例也很大,政治觉悟高,具有艰苦奋斗的作风和英勇善战的斗争精神。但因为之前分属不同的根据地,如今混合在一起而且不习惯新的制度要求,便出现了组织松懈、不团结等问题。在请教了毛泽东后,肖劲光决定发扬古田会议决议精神,加强队伍的思想政治工作。

他首先确定留守兵团的四大工作,即"政治、军事、文化、党的工作",在此基础上加强连队党支部建设,特别是建立了经常性的政治教育制度。规定每星期给战士上四次政治课,干部队伍普遍组织了学习小组。这时的政治教育,主要包括两个方面:党的方针政策和马克思主义基础理论。为此,兵团政治部加紧了马克思主义基本理论书籍及《联共(布)党史》的印制,还出版了《烽火报》《烽火副刊》,创办了烽火剧团,针对干部和战士不同的特征,有针对性地采用区别化方法加强政治教育。通过几年的努力,尤其是通过延安整风运动,广大干部和战士的马列主义水平和阶级觉悟大大提高,为提高部队战斗力打下了坚实的基础。1944年

4月，总结留守兵团政治教育经验的《关于军队政治工作问题的报告》经中央书记处讨论通过，并作为连以上干部整风学习文件和教材广泛印发。直到今天，它对于加强我军政治工作仍具有重要的借鉴意义。

留守兵团部队军事素质的提高是肖劲光思考的另一个重要课题。他从留守兵团当时面临的客观条件出发，一方面努力提高干部的军事理论水平，另一方面积极推进部队的技术训练。当时，条件很艰苦，留守官兵自己动手挖窑洞做教室，自己编写教材、制作教具。在学习中，他们把毛泽东的《论持久战》《抗日游击战争的战略问题》列为基本教材，掀起了学习并研究中国革命战争规律的热潮，还要求广大干部学员坚持军事理论与革命战争的实践相结合。在技术训练中，则克服种种困难办起了参谋、防化、侦察、机枪、特等射手等各种训练班。他们根据中国抗日战争特点强调近战战术，突出了夜间战斗、河川战斗以及森林战斗等特殊条件下作战的训练重点，得到了毛泽东的赞许。现在保存下来的很多当时印发的军事教材，发黄的纸上栩栩如生的绘图，总能让人联想到当时官兵们在训练场上的场景。

八路军留守兵团在抗击日寇、肃清匪患、驻守河防、粉碎挑衅等多个方面创造了丰硕的成果，保卫了中共中央和陕甘宁边区的安全，配合了抗日战争正面战场的斗争，为抗战胜利做出了巨大贡献。

第十六章 南泥湾革命旧址

第一节 遗址概览

南泥湾革命旧址位于延安市宝塔区麻洞川乡金盆湾村和南泥湾镇境内。旧址东西长 27 米，南北宽 22 米，平面呈不规则长方形，面积 594 平方米。旧址上有 5 孔坐北向南的土窑洞，旅长兼政委王震曾在右边第二孔居住，窑洞面阔 2.8 米，进深 6 米，高 2.7 米。

1941 年处于抗日战争最艰苦的时期。中国共产党领导的抗日根据地遇到了严重的经济困难。由于日本侵略者向抗日根据地发动了大规模的扫荡，实行惨绝人寰的三光政策，妄图摧毁根据地军民的生存条件。同时，国民党也对根据地实行军事包围和经济封锁，再加上自然灾害的侵袭，边区军民遇到了空前的困难。为了战胜困难，党中央决定在陕甘宁边区和各抗日根据地开展大生产运动，自己动手，丰衣足食，渡过难关。1941 年春天，中央军委命令八路军一二〇师三五九旅进驻南泥湾地区实行屯垦，一方面开展大生产，一方面保卫延安的南大门。在短短的三年内，由王震旅长率领的三五九旅，在南泥湾和麻洞川开荒种地2亿多平方米，打窑洞1000多孔，建房子600余间，真正把荆棘遍野、荒无人烟的南泥湾变成"处处是庄稼，遍地是牛羊"的陕北好江南。

2006年5月，南泥湾革命旧址被国务院确定为全国重点文物保护单位。

南泥湾革命旧址

第二节　抗战追忆

说到南泥湾，就绕不开乐天宇。乐天宇早年参加革命，1939年辗转来到革命圣地延安。经周恩来安排，乐天宇被分配在边区建设厅工作。延安自然科学院成立后，乐天宇被任命为生物系主任兼任建设厅林务局局长。

乐天宇

在一番对往事的共同回忆之后，乐天宇对毛泽东说："延安县南部有个固临镇，进去有一大片丘陵地区，方圆八十余里，有田地，有沼泽，也有森林。开发起来，会变成江南的。"毛泽东追问："离延安有多远？""大约八十里，是个三角地带。与胡宗南的地盘，不过一水之隔；东与阎锡山的统治区相毗邻。"毛泽东紧皱双眉："你是说……"乐天宇马上补充道："我看还是一个寓兵于农的理想地方。"毛泽东立即舒展了双眉："好！请你立即与党中央办公厅的王首道、邓洁一道去考察，看能不能开发。然后你写个报告让中央研究决定。"

考察结束后，朱德主持召开了一个座谈会，邀请延安农业界人士探讨发展边区农业生产的思路。在这个座谈会上，乐天宇把考察的情况做了详细的汇报。散会时，朱德对乐天宇表示他愿奔赴实地去看一看。随后，朱德亲自与乐天宇来到固临。据有人回忆，三五九旅旅长王震也一同前往。抵达固临后，朱德对乐天宇说："天宇，这次不虚此行，这个地方确实吸引人。"乐天宇笑了，指着一片水草丛生的沼泽地，说："这块烂泥洼有福，惹得我们总司令来看它。"朱德又道："这片水草地，泥是烂了一些，要是开田种水稻，会变成田连阡陌的江南水乡。天宇同志，我看可以给它起一个名字。"朱德一字一顿地说，"叫它南泥湾。"就这样，南泥湾这块原本不为人所知的荒芜之地，就有了名字。不久，在毛泽东主持的党中央会议上，通过了开发南泥湾的决定。

从1940年年底开始，三五九旅便进驻南泥湾，开展大生产运动，实行生产自给。从1941至1943年，每年给边区政府上交一万石公粮。在坚持以农为主的同时，进行全面发展，先后开办纺织、皮革、造纸工厂十三个，成立盐业、土产、运输等公司，开办饭店、商店、军人合作社和各种加工小作坊等，形成军民兼顾、公私兼顾、多层次的生产经营形式。在1942年2月中共西北局高级干部会议上，三五九旅被誉为边区大生产运动的一面旗帜，毛泽东题词赞誉该旅是"发展经济的前锋"。除此之外，该旅还开展了大规模的练兵运动，并在1943年春播和中耕后开展了整风运动，保障和推动了练兵、生产等各方面任务的完成。1943至1944年，张邦英、王首道先后任该旅政治委员。

1943年9月，毛泽东、朱德、周恩来、彭德怀、任弼时、徐特立、林伯渠、李鼎铭等视察了南泥湾。从枣园坐汽车先到桃宝峪，然后改为骑马，边走边看庄稼。王震、王恩茂从旅部金盆湾骑马赶来迎接毛泽东

三五九旅开垦南泥湾

一行。毛泽东到田间、营房、伙房看了部队生产、训练、生活情况，向干部、战士热情问好。王震向毛主席一行汇报道："部队做到了全部自给，不拿公家一粒米、一寸布、一分钱。"毛泽东高兴地说："困难，并不是不可征服的怪物，大家动手征服它，它就低头了。目前我们没有外援，假定将来有了外援，也还是要自力更生。"接着说："国民党想困死我们，饿死我们，他们越困，我们越胖了，困的同志连柳拐病（一种地方病）都消灭了。"

面对残酷的扫荡和封锁，中国共产党面临着两条路：要么饿死、冻死或困死，要么自己动手，走出窘境。共产党勇敢地选择了后者。于是，这些贫苦出身的官兵们，扛枪的手又握起了锄头，开进了新的战场，做起了他们曾经熟悉的事情。后来的成功，似乎早已经在决策者们的预料之中，贫瘠落后的不毛之地陕北，居然神话般地变成牛羊遍地的"江南"。并由此诞生了一种以自力更生、艰苦奋斗为核心的南泥湾精神。

南泥湾是延安精神的发源地，也是中国农垦事业的发祥地。南泥湾精神，是以八路军三五九旅为代表的抗日军民，在著名的南泥湾大生产运动中创造的，是中国共产党在困境中奋起、在艰苦中发展的强大精神力量。

第十六章　南泥湾革命旧址

毛泽东题写的"自己动手，丰衣足食"

改革开放以来，南泥湾得到了更好的开发和建设，特别是加强了自然生态的保护和建设。1989 年 9 月，江泽民视察南泥湾，看到新建设的油矿，望着汩汩流出的原油，他高兴地说："看来这油比大庆的油还清呀……如今的南泥湾，与往年不一般。"南泥湾已建成以革命纪念地为主，集参观、旅游、经济综合开发为一体的多功能的经济、文化重镇。其旖旎的田园风光、迷离多彩的森林景观、纯朴深厚的文化习俗、激励人心的革命遗址互相映衬，观之令人心旷神怡，激情满怀。

南泥湾精神来源于生产自救的一种简单劳动，它升华为一种闪耀着普遍真理光泽的不朽精神，貌似偶然，其实必然。南泥湾精神是延安精神的重要组成部分，其自力更生、奋发图强的精神内核，激励着一代又一代中华儿女战胜困难，夺取胜利。让南泥湾精神如火炬一般代代相传，照亮我们的心胸、征途和未来。

今日南泥湾

第十七章　鲁迅艺术学院旧址

第一节　遗址概览

　　鲁迅艺术学院是抗日战争时期中国共产党为培养文艺干部而创办的一所综合性文学艺术学校，1940年后更名为鲁迅艺术文学院，简称鲁艺。其旧址位于延安城东北五公里的桥儿沟，旧址平面大体呈长方形，南北朝向，由七排共五十二孔石窑洞、十五间瓦房、一座天主教堂及鲁艺广场组成，布局比较规整。面墙和后背墙均为挑檐遗留。现保存有天主教堂一座和石窑洞数十孔。鲁迅艺术学院旧址入选1961年国务院颁布的首批全国重点文物保护单位。

鲁艺天主教堂

鲁艺新貌

第二节　抗战追忆

随着抗日形势的发展，党中央开始考虑培养艺术人才的问题。1937年11月曾拟定在陕北公学内设一个艺术培训班，由沙可夫、朱光等同志负责筹备。1938年1月底演出的《血祭上海》，引起很大反响。毛泽东和其他中央领导同志都很赞赏这个戏，中央宣传部还特地举行会餐，招待慰问全体演出人员。毛泽东也来参加聚餐。他谈笑风生，称赞戏演得好，表扬大家是演剧的行家里手，并说希望这个集中了许多人才的演剧集体不要散了，要继续排出好戏来。当有人提议创建一所艺术学院时，立即得到了毛泽东的赞许，他表示愿尽最大力量来帮助艺术学院的建立。于是当即组成了艺术学院筹委会。艺术学院筹委会由沙可夫、朱光、吕骥、徐以新等人组成。他们日夜为找房子、找用具、组织教学班子、招生等忙碌着。

鲁艺部分教员及其家属合影

1938年2月，在筹备过程中，沙可夫主持起草了鲁迅艺术学院的《创立缘起》，特请毛泽东和周恩来领衔，林伯渠、徐特立、成仿吾、艾思奇、周扬等人联名发出。《创立缘起》中写道："在抗战时期，我们不仅要为了抗日动员与利用一切现有的力量，并且应该去寻求和准备新的力量，这也就是说，我们应注意抗战急需的干部培养问题……艺术——戏剧、音乐、美术等是宣传鼓动与组织群众有力的武器。艺术工作者——这是对于目前抗战不可或缺的力量……为此，我们决定创立这艺术学院，并且以已故的中国最大的文豪鲁迅先生为名，这不仅是为了纪念我们这位伟大的导师，并且表示我们要向着他所开辟的道路大踏步前进。"中共中央委托沙可夫、李伯钊、左明等人负责筹建鲁迅艺术学院。此时，宁、沪等地大批文艺工作者陆续来到延安，为鲁艺的创办创造了条件。

当时学校并无固定校址，在延安城内凤凰山麓的鲁迅师范学校借用几间房子，就开始招生了。招生条件是：1. 对抗战有明确的认识，对胜利充满信心，并曾积极参加抗日救亡运动；2. 在文学与艺术上有基本的修养，并决心从事抗战文艺工作；3. 有刻苦耐劳、不怕困难、不怕牺牲的精神。报名的青年很多，最后在抗大、陕北公学及刚来延安的一些文学青年中招收了六十几名学生。

1938 年 4 月 10 日，鲁迅艺术学院在延安正式成立，毛泽东出席成立大会并讲话，他说："要在民族解放的大时代去发展广大的艺术运动，在抗日民族统一战线方针的指导下，实现文学艺术在今天的中国的使命和作用。"4 月 28 日，毛泽东在鲁艺发表演讲时说："鲁迅艺术学院在延安成立，鲁迅艺术学院要造就具有远大的理想、丰富的斗争经验和良好的艺术技巧的一派文艺工作者，这三个条件缺少任何一个便不能成为伟大的艺术家。"毛泽东还为鲁艺题写了校训：紧张、严肃、刻苦、虚心，并题词"抗日的现实主义、革命的浪漫主义"。鲁艺的教育方针是：团结与培养文学艺术的专门人才，致力于新民主主义的文学艺术事业。

鲁艺在成立之初，由沙可夫作词，吕骥作曲，为鲁艺师生写了院歌。歌词全文是：

> 我们是艺术工作者，
>
> 我们是抗日的战士，
>
> 用艺术做我们的武器，
>
> 为打倒日本帝国主义，

为争取中国解放、独立，奋斗到底！

我们是艺术工作者，

我们是抗日的战士，

踏着鲁迅开辟的道路，

为建立新的抗战艺术，

为继承他的革命传统，努力不懈！

学习，学习，再学习！

理论与实践密切联系，

一切服从神圣的抗战，

把握着艺术的武器，

这就是我们的歌声。

唱吧，唱吧，再唱吧，高声地唱吧，

我们是抗日的战士，

我们是艺术工作者！

不久，鲁艺的名字为全中国所知，学生们和艺术家们，从全国各地来到延安工作或学习。在延安的北门之外，在该市旧城墙之间，在一个破旧不堪的孔庙边上，锄铲之声回荡于群山，在为这所新的艺术学院挖掘窑洞。这样，这所为大家通常称为鲁艺的学校，就初具规模了。校舍有近一百个窑洞，有一个办公区及阅览室，有一个操场、一个合作社及一个厨房。

1939 年夏，中共中央为加强华北敌后文化工作及对文艺干部的培养，派沙可夫等人率领鲁艺部分干部奔赴晋察冀抗日根据地，联合陕北公学等校创办华北联合大学。11 月，根据中央的决定，留在延安的鲁艺部分师生恢复鲁艺。1940 年 11 月，华中抗日根据地创办了鲁艺华中分院。后由于日伪残酷扫荡，鲁艺华中分院分编成江淮鲁工团和黄河鲁工团，深入根据地开展抗战文艺工作。1943 年 4 月，鲁艺并入延安大学，组建延安大学文艺学院。1945 年抗战胜利后，鲁艺迁往东北。在此期间，先

鲁艺木刻工作团成员

后由赵毅敏、沙可夫、吴玉章、周扬等人担任正、副院长。

据统计，在鲁艺创办的一年时间内，有两百多名学生接受了培养并被派往前线和后方工作，而且他们创作并演出了五十个各类主题的剧本，绝大多数与抗日战争有关。讽刺剧、"活报"和独幕剧被创作出，并且在演出中获得了重大成功。创作歌曲一百多首，木刻、宣传画、油画水平处于全国领先水平。大量充满爱国情怀的诗歌、短篇小说等文学作品被创作出来。这一切，使它在中国的艺术和文学领域发挥了领导性作用。

1945 年，歌剧《白毛女》由延安鲁迅艺术学院创作演出，
王昆饰演喜儿，张守维饰演杨白劳

冼星海指挥鲁艺学员演唱《黄河大合唱》

鲁迅艺术学院旧址

　　在延安七年半的时间里，鲁艺开办了文学、戏剧、音乐、美术等系，培养学生六百八十五人。穆青、贺敬之、冯牧、李焕之、郑律成、刘炽、莫耶、王昆、成荫、罗工柳、李波、时乐濛、于蓝等文学家、艺术家均为鲁艺学员。鲁艺还创作了诸如《白毛女》《南泥湾》《黄河大合唱》等一大批极富影响力的作品，活跃了敌后抗日根据地军民的文化生活，振奋了中国军民的精神，在为抗日战争的胜利做出积极贡献的同时，也对中国现代文学和艺术的发展产生了深远的影响。

　　作为一个真正的民族统一战线的单位，鲁艺的教职员和学生中，有各党派和人民团体的成员。他们来自全国各省，甚至还有外国学生和海外华人。鲁艺是民族统一战线在文化战线的具体表现，它与中国的其他力量并肩战斗，为抗日战争的伟大胜利贡献了自己的力量。

第十八章　中国共产党六届六中全会旧址

第一节　遗址概览

中国共产党六届六中全会旧址位于陕西省延安城东北五公里延河西北岸的桥儿沟，1938 年 9 月 29 日—11 月 6 日，中共中央扩大的六届六中全会在这里的一座双塔楼式哥特式砖木结构的天主教堂召开。毛泽东、张闻天、周恩来、陈云、刘少奇等中央领导同志分别做了报告。会议通过了《中共扩大的六中全会政治决议案》。会议批准了以毛泽东为首的中央政治局路线，决议召开党的七大，从政治、思想、组织上为实现党对抗日战争的

中国共产党六届六中全会旧址

领导奠定了基础。

会址所在的教堂建于 1930 至 1934 年，曾作为中共党校和鲁迅艺术文学院礼堂。

1996 年 11 月 20 日，中共中央六届六中全会旧址被国务院公布为全国重点文物保护单位。

第二节　抗战追忆

一、会议召开的背景

抗战初期，国共两党之间关于抗战路线的斗争，反映到中国共产党的内部，主要是党的正确路线同以王明为代表的右倾错误的斗争。抗战开始后，中国共产党党内少数同志由于对蒋介石集团的本质认识不清，自觉或不自觉地产生了右的错误认识，过分估计了国民党和蒋介石的抗日决心。尤其是 1937 年 11 月王明到延安后，在 12 月 9—14 日召开的中央政治局会议上做了《如何继续全国抗战和争取抗战胜利》的报告。诚然，报告在坚持联合国民党抗战的问题上发表了一些正确的意见。但是，王明以共产国际路线代表的名义，不仅批评洛川会议过分强调"独立自主原则"，没有提出"抗战高于一切"，而且还批评毛泽东在《上海太原失陷以后抗日战争的形势和任务》中对形势的分析有错误；同时，批评刘少奇《抗日游击战争中各种基本政策问题》的一些正确观点，并在如何巩固和扩大抗日民族统一战线方面，提出了比较系统的右倾投降主义主张。如，在对国民党政策转变的认识上，反对抗日民族统一战线中不同阶级、不同派别和集团的原则区分，反对把抗日营垒分为左、中、右；在抗日民族统一战线问题上，反对统一战线中的独立自主原则，主张"一切经过统一战线""一切服从统一战线"，不要提"谁领导谁"的问题，认为过分强调"独立自主原则"只会吓跑友党友军，主张"共同负责""共同领导"等；在战略战术上，轻视敌后游击战争，主张以运动战为主，阵地战为辅，游击战次之，幻想依靠"全中国统一的国防军"实现抗战的胜利，而且是速胜。

无论是抗日民族统一战线问题还是战略战术问题，都不仅关系到党的生死存亡，而且关系到抗战胜利与否。由于王明以"钦差大臣"自居，一些人误以为上述主张是来自共产国际的指示，从而使党原本正确的方针和政策出现了偏离乃至错误，严重影响了抗日民族统一战线的巩固、扩大和发展。加之，王明到中共中央长江局（对外称中共代表团）工作后，个人私欲膨胀，多次未经中央批准擅自以中央名义发表与中央不一致的言论，严重破坏了党的民主集中制原则，破坏了党的团结和政治规矩。

为了克服王明右倾错误在党内的影响，迫切需要召开一次党的会议。1938 年 9 月召开的政治局会议，为六中全会的召开创造了时机。在这次会议上，王稼祥带来了共产国际的指示，肯定了党的路线的正确性，尤其是以毛泽东、朱德等领导的八路军执行了党的正确政策；认为中央领导机关要以毛泽东为首，党内要有团结的空气。

二、会议的召开

中国共产党扩大的六届六中全会于 1938 年 9 月 29 日至 11 月 6 日召开。参加会议的中央委员有毛泽东、朱德、周恩来、王明、张闻天、项英、博古、康生、王稼祥、彭德怀、刘少奇、陈云、关向应、张浩、杨尚昆、李富春、罗迈，还有党中央各部门和全国各地区的领导干部邓小平、贺龙、彭真、曾山、吴玉章、张文彬、朱理治、黎玉、贾拓夫、林伯渠、冯文彬、林彪、罗瑞卿、滕代远、高岗、肖劲光、萧克、柯庆施、徐海东、程子华、谭政等共五十多人。这是党的六大以来到会人数最多的一次中央全会。

在全会上，毛泽东代表中央政治局做了《论抗日民族战争与抗日民族统一战线发展的新阶段》的政治报告，张闻天做了《关于抗日民族统一战线与党的组织问题》的报告，王稼祥传达了共产国际的文件精神，周恩来做了关于统一战线工作的报告，朱德做了关于华北战场的报告，项英做了新四军工作报告，陈云做了青年工作报告，刘少奇做了关于北方局工作的报告，邓小平做了《关于地方工作》的报告，各地区负责同志分别做了地方工作报告。全会围绕毛泽东的报告，对争取党对抗日战争的领导权问题、统一战线中的独立自主问题、党在抗日阶段的工作重点和军事战略方针问题、党的组织建设和思想建设问题，进行了充分的讨论，基本上取得了一致意见。在大家讨论的基础上，毛泽东代表中央做了总结报告，着重讲了统一战线问题及抗日战争和战略问题。11月6日，全会根据毛泽东的报告通过了《中共扩大的六中全会政治决议案》《关于各级党委暂行组织机构的决定》《关于中央委员会工作规则与纪律的决定》《关于各级党部工作规则与纪律的决定》等重要文件，批准了以毛泽东为首的中央政治局的政治路线。

全会同意毛泽东对抗战经验的总结和对当前抗战形势的科学分析。认为目前的抗战正处在由防御转入敌我相持的过渡时期；对中国军民来说，不要为若干大城市和交通要道的丧失所震惊，要有计划地部署正面战场的防御抵抗和广泛开展敌后游击战争，抓住敌人兵力不足和兵力分散的弱点，给敌以更多的消耗，促使其更加分散，使战争转入敌我相持的新阶段。

毛泽东从多方面论述了抗日游击战争的战略意义。针对王明在发言中对革命的乡村能否战胜敌占城市的怀疑态度，毛泽东认为在半殖民地半封建的中国，有必要也有可能走乡村包围城市的道路。抗战时期，党以主要力量在敌后开展独立自主的游击战争，建设抗日民主根据地，这实际上就是在民族战争的条件下继续走乡村包围城市的革命道路。

全会批判了党内在统一战线问题上的关门主义和投降主义的偏向，着重批判了"一切经过统一战线""一切服从统一战线"的错误认识。毛泽东在总结中指出，国民党是当权的党，它统制民众运动，限制共产党的发展，剥夺各党派的平等权利，不愿制定共同的政治纲领，不允许有统一战线的组织形式。在这种情况下，"一切经过统一战线"，就是一切经过蒋介石、阎锡山，就是单方面的服从，自己束缚自己的手脚。正确的方针应该是既统一，又独立。统一战线中的合作和让步都是以承认对方为前提的，不能因合作和统一而抹杀党派和阶级的独立性、限制其必要的权利。否则合作就变成了混一，必然牺牲统一战线。所以，没有独立就没有统一，统一和独立是可以而且也是应当一致起来的。

中国共产党六届六中全会会场

　　为了领导抗战，全会号召加强党的自身建设。毛泽东指出，共产党员应在各方面起先锋和模范作用。在八路军、新四军中，应该成为英勇作战的模范，执行命令的模范，遵守纪律的模范，政治工作的模范和内部团结统一的模范。在和友军发生关系时，应该坚持团结抗日的立场，成为实行抗战任务的模范，成为统一战线中处理各党相互关系的模范。在政府工作中，应该是十分廉洁、不用私人，多做工作、少取报酬的模范。在民众运动中，应该是民众的朋友，而不是民众的上司或官僚主义的政客。毛泽东强调：共产党员不论何时何地都不应把个人利益放在第一位，而应以个人利益服从于民族的和人民群众的利益。共产党员应是实事求是的模范，又是具有远见卓识的模范。在长期战争和艰难环境中，只有共产党员高度地发挥其先锋的模范的作用，才能动员全民族一切有生力量，为克服困难、战胜敌人、建设新中国而奋斗。毛泽东提出，党还必须扩大自己的组织，向对革命真诚、信仰党的主义、拥护党的政策、愿意服从纪律、努力工作的广大工人、农民和青年积极分子开门，使党成为一个伟大的群众性的党。这些论述不仅在当时对增强党的战斗力有重要的指导意义，而且在全面从严治党的今天依然有很强的现实意义。

　　会议首次把"学习"专门作为一节列入会议议程。号召全党必须努力学习马克思列宁主义理论，要善于把马克思列宁主义的一般原理和国际经验应用于中国的具体环境，反对教条主义，废止洋八股，提倡新鲜活泼的、为中国老百姓所喜闻乐见的中国作风和中国气派。对于当前运动的特点及其发展规律，必须不断地进行认真的研究，否则就不能担负起指导责任。

　　全会强调巩固和加强党的团结统一，扩大党内民主，认真执行民主集中制原则。鉴于党处在抗日战争的新的环境，以及党内有人违反组织纪律，毛泽东在政治报告中重申了党的纪律，确定了"四个服从"的政治规矩，即"个人服从组织，少数服从多数，下级服从上级，全党服从中央"。

　　全会决定撤销长江局，设立南方局（周恩来为书记）和中原局（刘少奇为书记），东南分局改为东南局（项英仍为书记）；决定充实北方局，由朱德、彭德怀、杨尚昆组成北方局常务委员会，杨尚昆任书记。全会还补选林伯渠、董必武、吴玉章为中央委员会委员。

　　在战争形势即将发生重大变化的历史关头，中共中央及时制定了新阶段的战略部署和任务，为全党全国人民坚持抗战做了预先部署。会议基本上克服了以王明为代表的右倾投降主义的错误，增强了党的团结和力量，使全党统一于中央正确路线的指导之下，为实现中国共产党对抗战的正确领导，奠定了政治、思想及组织基础。在党的建设方面，它丰富和发展了党的六大和古田会议所提出的建党思想，在理论上和实践上为加强党的建设做出了重大贡献。

第十九章　延安自然科学院旧址

第一节　遗址概览

　　延安自然科学院旧址位于延安市宝塔区桥沟镇马家湾村，自然科学院的前身是自然科学研究院。1939 年 5 月，为了保障陕甘宁边区工业生产的发展，促进国防、经济建设，中共中央决定在延安创办自然科学研究院。1939 年年底，在中央财经部召开的自然科学研讨会上，一些专家

延安自然科学院旧址

学者提出了以现有的科技人员为师资力量，以自然科学研究院为基地，成立自然科学院的意见。1940年1月，中共中央决定将自然科学研究院改为工、农、科性质的教育机构——自然科学院，院长由李富春兼任，副院长陈康白，学院属中央财经部领导。1940年9月1日，自然科学院举行了开学典礼。

1941年1月，学院改属中央文委领导，徐特立接任院长。1941年9月，又开办了医训班，医训班一年半后转入医科大学。1941年12月底，中央规定："延安大学、鲁迅艺术文学院、自然科学院为培养党与非党的各级高级与中级专门的政治、文化、科学及技术人才的学校。"1943年4月，学院从马家湾迁到东川桥儿沟，与延安大学、鲁艺合并，成为延安大学的一个学院。

第二节　抗战追忆

抗日战争时期，为了培养科学技术干部、发展科学技术事业，中共中央于1939年5月决定建立延安自然科学研究院。1940年，中国人民抗日战争进入风云剧变的时期。日本对华政策调整为以战养战、以华制华，进而推行治安强化运动；国民党汪精卫集团公开投敌叛国，蒋介石集团转向消极抗战、积极反共。虽然中国共产党领导的百团大战极大增强了广大军民的抗战信心，但是由于日、汪、蒋三方势力都积极反共、限共，陕甘宁边区等抗日根据地遭受了空前损失和严重困难。

1940年1月，为了适应抗战建国的需要，特别是为了发展陕甘宁边区经济建设，并为未来的新中国培养一批科学技术干部，中共中央决定将延安自然科学研究院改为延安自然科学院，由中央文委领导。

1940年9月初，延安自然科学院正式成立。这是中国共产党领导的第一所理工科高等学校。第一任院长是李富春，第二任院长是徐特立，第三任校长是李强。延安自然科学院设有大学部和中学部。大学部设有

1940 年年初，陕甘宁边区政府主席林伯渠（左一）率人勘察延安自然科学院校址留影

物理、化学、生物、地矿四个系，学制三年。为适应教学和科学研究的需要，该院还建立机械实习厂、化工实习厂、化学实验室和生物实验室等。学院培养了一批技术骨干人才，在配合陕甘宁边区经济建设方面做出了贡献。

1943 年 4 月并入延安大学。

1945 年 8 月，抗战胜利后，中共中央决定将自然科学院向东北地区转移。11 月 15 日，自然科学院从延安出发。到张家口后，由于形势变化，决定暂留当地，改名为晋察冀边区工业专门学校。1948 年，学院与北方大学工学院合并，定名为华北大学工学院。1949 年迁至北京，1952 年 1 月 1 日，改为北京工业学院（今北京理工大学）。

创办延安自然科学院，当时是为抗战服务，长远是为建设新中国储备科技人才。学院师生在教育、科研、经济"三位一体"的办学思想指导下，因陋就简、因地制宜，和有关经济建设部门加强联系，研制了一批科技成果，解决了当时抗战和边区建设的急需。

由于国民党的严密封锁，边区缺少军火，自然科学院化工系的师生，就在简陋的木棚里开办工厂，自制硫酸、硝酸，研制出黄色炸药，供应八路军的急需。当时制造手榴弹需要灰生铁，化工系和机械系的师生，把教学用的仪器、药品搬到炼铁现场，加强原材料的化验工作，控制炉温变化，终于成功地生产出了品质优良的灰生铁。当时，边区医院每年需要从外面购置三百磅薄荷油，每磅价值十六万边币。虽然边区盛产薄荷却不会提炼薄荷油。化工系的学生在恽子强副院长的指导下，经过反复试验，终于从每斤薄荷中提炼出千分之五的薄荷油。化工系的师生还先后办起了化工实习厂，如酒精厂、玻璃厂等，制造了急需要的针管、疫苗管及一些玻璃器皿。化工系的教师林华，在解决了玻璃厂的技术之后，又一手创办了边区的陶瓷厂，研制了新的烧陶瓷的方法，从而被评为边区的模范工程师。

机械工程系的师生利用实习工厂，制造出了医院缺少的镊子等医疗器械以及造纸厂用的容量达万斤的大蒸煮锅，还制造出了纺织机械配件如轧花机上的滚子和数以十万计的棉军装铜扣等。

地矿系的师生，虽然人数很少，却积极承担边区一些铁矿、煤炭资源的勘测，弄清了某些地层的情况。特别是地矿系教师武衡，组织边区地质考察团，从1941年至1942年，先后考察了延长、延川、安定、安塞、甘泉以及关中等地的地质构造及矿产分布、储量等，为边区发展工业提供了条件。

鉴于边区急需防治谷子虫害，生物系教师林山、康迪指导学生把防治谷虫列为专题，在调查研究的基础上写成《炝谷虫过冬情况调查》，在《解放日报》发表后，受到边区人民的重视。生物系的师生还和边区建设厅、延安光华农场合作，深入农村，在广泛调查、试验的基础上，找出了在边区种植棉花的合理办法，提出了一套关于下种、定苗等栽培技术，对发展边区棉花生产、解决当时缺棉少布的困难起了很大的帮助作用。

在所有的贡献中，马兰草造纸、新方法制盐、发现南泥湾，是自然科学院为边区经济建设建树奇功的三个典型事例。

为解决用纸问题，自然科学院派华寿俊前往位于安塞县的振华造纸厂展开研制工作。经过考察研究，华寿俊把注意力放在了漫山遍野的马兰草上，历时两个多月，试制出了马兰草纸。经过反复试验、完善生产工艺，马兰草纸成功批量生产。马兰草纸为《解放日报》、整风文件及七大会议文件的印刷提供了充足的纸张，满足了边区机关、学校和普通民众的用纸需求。在马兰草纸制造工艺的基础上，华寿俊还与自然科学院的其他同志一道，成功研制、生产了边区的钞票纸。朱德在一首诗中曾说："农场牛羊肥，马兰造纸俏。"

延安当时罕见的大规模建筑——自然科学院科技馆

　　为了解决食盐短缺问题，自然科学院副院长陈康白博士带人奔赴地处毛乌素沙漠的三边盐池地。经过仔细观察分析，他们揭开了"海眼"的秘密，便沿着"海眼"挖井，修建了盐田。然后用吊桶从"海眼"中取水倒进盐田，白雪般的精盐就大量结出，把这些精盐送到晒盐场老化两天即为成品盐。新的制盐方法使盐田规模迅速扩大，不仅边区军民的食盐问题得到了解决，边区盐业还成为经济发展的一个亮点。

　　为了解决吃饭问题，延安自然科学院组织了由乐天宇等六人组成的森林考察团，他们在采集的两千余件标本的基础上编写了《陕甘宁边区植物志》，为南泥湾的开发找到了依据。撰写的开发南泥湾的建议方案呈送中央后，引起中央领导的高度重视。不久，三五九旅开进南泥湾，一年的开荒屯田就把南泥湾建成了"陕北的好江南"。后来，乐天宇带领生物系师生又进行了两次大规模的森林考察，帮助一些居住在林区深处的群众解决了卫生饮水问题。

延安自然科学院的师生，认为科学是国力的灵魂，实践了教育为经济建设服务、为人民服务，教育与生产劳动和社会实践相结合的"党的教育方针"，勇做科教兴边、科教兴国的表率。这所学校，既区别于国民党统治区的高等学校，又区别于国外的高等学校，也不同于我们党领导的其他培养党政、军事等人才的大学。它从当时中国和根据地的实际情况出发，走出了一条自己办高等科学技术教育的道路，并积累了许多成功经验。

延安自然科学院虽然创办的时间不长，但它为抗战做出了重要的贡献。它作为中国共产党领导和创办的第一所理工科大学，为日后创办中国式的社会主义大学提供了宝贵的历史经验，因而在中国近代科技教育史上写下了光辉的一页。

同时，她为党和国家培育了一批革命科技干部。进自然科学院学习的人，前前后后约五百人。这批当年的青年学生，经过党的教育、学校学习以及后来的实际工作锻炼，有些成为中央、省、市、自治区的党政领导干部，有些成为大学的教授、工程师、研究员：他们都是又红又专的技术干部，他们身上具有光荣的延安传统和优良的作风，从而使他们为抗战的胜利、祖国的解放以及新中国的建设做出了不可磨灭的贡献。

第二十章　晋陕绥抗日司令部旧址

第一节　遗址概览

陕西省榆林市榆阳区东南的古刹金刚寺在全国都有一定的知名度。这不仅是因为寺内供奉着四大金刚，又有高僧长期讲经，还因为古刹右侧的桃林山庄曾住着一位叱咤抗日战场、为国共合作和人民解放事业都做出重大贡献的将军。这位将军就是邓宝珊，他在抗战期间居住和工作的地方——桃林山庄，就是当时的晋陕绥抗日司令部旧址。

金刚寺

　　整座山庄是一处占地三百多平方米的三合院，倚山而坐。周围植满了桃花，一到春天桃红满园，在黄土坡上尤为夺目，因此得名桃林山庄。山庄大门开在西北角，门楣嵌着的青石匾额，上面有当年邓宝珊将军特地请于右任题写的行书"桃林山庄"四个大字。院子正面的主建筑是一排青砖护面的土窑，一共六孔。当年，东面第一孔是邓将军的女儿邓友梅的卧房，第二孔是邓将军卧室，以后依次是会议室、亲属卧室和仓库，东西两排还各有三间厢房。

　　卢沟桥事变爆发后，邓宝珊屡次致电蒋介石请缨杀敌。1937年10月，邓宝珊奉命驻守榆林，始任第二十一军团军团长，后改任晋陕绥边区总司令。邓宝珊上任之时日军已相继攻占了太原、绥远，兵临陕北。同时城内的富商、帮会和逃亡来的军痞、地方财绅聚集在一起，纷乱不堪。邓宝珊为求清净，选择了这处远离市区的世外桃源作为自己生活和工作的场所。

桃林山庄匾额

　　山庄旁的土山上，有一座小小的坟冢，安葬的是邓宝珊的次女邓友梅。邓宝珊初访延安后，就把她送到延安去学习，当时她只有十六岁，先后在陕北公学和中国女子大学就读，后加入共产党。1944年回榆林养病，1947年病逝，年仅二十五岁。1966年榆林（今榆阳区）政协和民政局联合重修了友梅墓，并重新竖碑纪念。

　　1947年夏秋之际，彭德怀指挥西北人民解放军向榆林进发。邓宝珊在彭德怀部扫清外围后放弃了固守的城郊，退守城内，这处山庄就此荒弃。

晋陕绥抗日司令部旧址

第二节　抗战追忆

邓宝珊

邓宝珊书法

　　抗战爆发后，国民党第二十一军军团长邓宝珊改任晋陕绥抗日总司令，与共产党陕甘宁边区建立了友好睦邻关系。邓宝珊，于1910年加入同盟会，与早期共产党人李大钊、刘伯坚等建立了深厚的友谊。

　　1937年，邓宝珊接到任命后，即乘飞机从兰州飞抵榆林。他到榆林后选择了远离市区的金刚寺作为寓所，修建桃林山庄作为自己办公和居住的地点。平时深居简出，不喜应酬，但却时刻关注着军事形势，运筹帷幄。他一到任即为黄河布防，将日军阻挡在黄河以东，保卫了陕北、伊盟的安全，展现出他的大将本色。

邓宝珊到任后，在绥德建立了办事处，委派刘绍庭负责，后来刘绍庭倾向了共产党。他本人周旋于国共两党之间，为抗日统一战线做出了特殊的贡献。1938年12月毛泽东亲笔写信给邓宝珊，派八路军留守兵团绥德警备司令陈奇涵将信与六届六中全会文件转交，增强了双方的互信和了解。

1938年至1939年，邓宝珊前后两次因参加会议路经延安，中共方面均隆重欢迎，毛泽东还与邓宝珊彻夜长谈，为其最终政治立场的转变奠定了基础。1940年，蒋介石趁日军向晋西北发动大扫荡之际，发起了第一次反共高潮。蒋介石得知此时在晋西北抗日的八路军留守部队准备撤回黄河西岸，于是急忙电令高双成部速派两个步兵团封锁黄河渡口，企图截留并消灭这部分力量。中共派出刘绍庭赴榆林探问情况，邓宝珊和高双成明确表示与中共的友军立场，借故推诿发兵，避免了这起摩擦事件。不久，蒋介石发动了第二次反共高潮，毛泽东再次派刘绍庭送去亲笔写给邓宝珊的信，信中揭露了顽固派破坏抗日统一战线的阴谋，要求他采取正确立场。邓宝珊正有此意，双方不谋而合，于是在反共高潮中邓宝珊始终保持着沉默。

1942年夏，蒋介石召集邓宝珊赴重庆开会，专门叮嘱他经宁夏绕道赴渝。邓宝珊没有照办，他取道延安并与中共领导人进行了会谈，谈话中毛泽东分析了抗日战争的形势，指出日本法西斯行将就木的前途，双方坚定了抗战的决心。在重庆开会期间，邓宝珊还依照南汉宸的嘱托，为边区代购了一批药物，返程途经延安时交付。

边区也竭尽全力帮助邓宝珊克服困难。邓宝珊在任期间，曾因榆林地区连年灾荒而导致军饷、粮食紧张，无奈向边区求援。陕甘宁边区在自身也遭灾的情况下节省出一部分粮食支援了榆林，仅由绥德警备区司令王震一次转运的粮食就达二千石之多。

1944年12月，毛泽东再次致函邓宝珊。此函还是由刘绍庭送达，不过此时的刘绍庭已任边区参议员。毛泽东的信中表达了对邓宝珊在

1943年力劝蒋介石维护统一战线的行为的称颂之意。当时，蒋介石电令邓宝珊赴重庆，邓宝珊感于重庆浓郁的反共氛围，冒死直谏"国难当头，如果再搞阋墙之争，后果不堪设想"。正是因此，毛泽东在信中讲道："去年时局转换，先生尽了大力，我们不会忘记。八年抗战，先生支撑北线，保护边区，为德之大，更不敢忘。"

晋陕绥抗日司令部在抗战期间下辖政治部、秘书处、副官处、军法处、军需处、军医处、军警联合稽查处和特务营，建制完整，战斗力强。司令部通过黄河布防，将日军抵御在黄河以东，与马占山、高双成等共同确保了榆林、伊盟的安全和稳定。

邓宝珊领导的晋陕绥抗日司令部，为抗日民族统一战线、人民解放事业做出了重大贡献。早在抗战期间，蒋介石曾一再要求封锁陕甘宁边区，邓宝珊却在陕甘宁边区的绥德设立办事处，指示所属各部队要"维护边区到榆林的交通安全，保护来往人员和物资的顺利出入"。解放战争时期，邓宝珊出任华北剿总副总司令，但他尽量避免内战，推动了中国人民解放事业的顺利进程。

后 记

中国人民抗日战争暨世界反法西斯战争胜利已经70多年了，编辑出版《陕西抗战遗存》一书，回首抗日战争时期不愿做亡国奴的抗日志士在陕西这片热土上发生的重大历史事件，是表达对中国人民抗日战争暨世界反法西斯战争胜利的隆重纪念之意，是表达对为民族崛起而付出的先辈们的深切敬意，更是表达对千千万万的抗日将士们英勇牺牲精神的无限缅怀，希望以此激励广大人民群众为实现中华民族伟大复兴的中国梦而不懈奋斗。

作为编者，因才疏学浅，加之时间紧迫，我们怀着莫大的忐忑心情，肩负起编撰《陕西抗战遗存》的使命和责任。在编撰过程中，我们努力克服了搜集相关资料、实地考察抗战遗迹等种种困难，在继承和吸收前人已有资料的基础上，最终使这本书与广大读者见面。

实事求是地讲，这是一本比较通俗和大众化的读物。就这本书的基本提纲和编撰内容而言，已有的资料是较为丰富的，但是要把这些零碎的资料系统地整理到一起，确实需要付出大量的、艰辛的劳动。因此，在很大程度上说这并不是我们创新性的学术成果，而仅仅是站在前人的肩膀上汇编的一本通俗性读物。这样做的目的，更多的考虑是，希望以此书为交流平台，使人们深刻认识作为"革命摇篮"的陕西在抗日战争中的重要地位。

陕西抗战遗存十分丰富，在成稿过程中由于各种原因，难免遗漏一些抗战遗存，甚至原先设想的一些遗存，因与抗战的直接相关性较弱，最终并未呈现在本书中，比如凤凰山革命旧址、杨家岭革命旧址、枣园革命旧址。

凤凰山革命旧址位于延安城内凤凰山东麓，占地近11000平方米，是中共中央1937年1月至1938年11月期间的驻地，也是中共中央到延安后的第一个居住点。中共中央机关在凤凰山山麓驻扎期间，促成了全国抗战爆发后国共两党的第二次合作，并明确提出了全面抗战的路线和持久战的方针，推动了全国全面抗战的历史进程。

杨家岭革命旧址位于延安市宝塔区桥沟镇杨家岭村，1938年11月20日，日本飞机轰炸延安城，中共中央机关由城内的凤凰山山麓迁驻杨家陵，并改陵为岭，即今杨家岭。毛泽东在杨家岭窑洞前的小石桌旁，会见了美国记者安娜·路易斯·斯特朗，针对当时流行的"恐美病"，提出了"一切反动派都是纸老虎"的著名论断。党中央在这里驻扎期间，正值抗日战争处于战略相持阶段，在日军、伪军和国民党顽固派的三面夹击下，敌后抗日根据地遇到了极大的困难。为了渡过难关、夺取抗日战争的最后胜利，党中央、毛泽东领导解放区军民开展了大生产运动，领导全党开展了整风运动，召开了具有伟大历史意义的中国共产党第七次全国代表大会。

枣园革命旧址位于延安市宝塔区枣园镇枣园村。1943年10月，中共中央书记处由杨家岭迁驻枣园。中央书记处在此期间，继续领导了全党的整风运动和解放区的大生产运动，筹备了中国共产党第七次全国代表大会。毛泽东在枣园居住期间，写下了《关于领导方法的若干问题》《开展根据地的减租、生产和拥政爱民运动》《评国民党十一中全会和三届三次国民参政会》《组织起来》《两三年内完成学习经济工作》《学习和时局》《评蒋介石在双十节的演说》《文化工作中的统一战线》《论联合政府》《抗日战争胜利后的时局和我们的方针》《对日寇的最后一战》《关于重庆谈判》《建立巩固的东北根据地》等许多指导中国革命的重要文章。

除以上遗址外，依然有许多也没有纳入本书中。比如彬县金池革命旧址、延安解放日报社旧址、延安美军观察组旧址等。

书中肯定有许多不足之处，甚至错误在所难免，恳请广大读者批评指正。

编者

2016 年 9 月